Reflexões Espirituais
para uma nova terra

Pedro Elias

Reflexões Espirituais
para uma nova terra

Abnara
Conhecimento

Copyright desta edição © 2012 por Rai Editora
Copyright © 2010 por Pedro Elias

Livro adaptado da Língua Portuguesa de Portugal para a Língua Portuguesa do Brasil

Título original: Reflexões espirituais para uma Nova Terra

Todos os direitos reservados. Nenhuma parte desta publicação pode ser reproduzida, arquivada em sistema de armazenamento ou transmitida em qualquer formato ou por quaisquer meios: eletrônico, mecânico, fotocópias, gravação ou qualquer outro, sem o consentimento prévio.

EDITORA ASSISTENTE
Mayara Facchini

PREPARAÇÃO DE TEXTO
Gabriela Ghetti

REVISÃO
Maria Luiza Poleti

PROJETO GRÁFICO E DIAGRAMAÇÃO
Schaffer Editorial

CRIAÇÃO DE CAPA
Max Oliveira

IMAGEM DE CAPA
Summer flowers © Gilaxia/iStockphoto

CIP-BRASIL. CATALOGAÇÃO-NA-FONTE
SINDICATO NACIONAL DOS EDITORES DE LIVROS, RJ

E41r
Elias, Pedro
   Reflexões espirituais para uma nova Terra / Pedro Elias. - São Paulo : Rai, 2012.

   ISBN 978-85-8146-040-6

   1. Filosofia da mente. 2. Espiritualismo (Filosofia). I. Título.

12-6890.	CDD: 102
	CDU: 13
21.09.12 08.10.12	039307

Índices para catálogo sistemático:
1. Poesia: Literatura portuguesa   869.1

RAI EDITORA
Avenida Iraí, 143 - conj. 61
Moema
04082-000 - São Paulo - SP
Tel: 11 - 2384-5434
www.raieditora.com.br
contato@raieditora.com.br

Sumário

Prefácio **11**

Uma reflexão para os tempos de hoje **13**

A verdadeira razão de ser de uma semente. **19**

Deixar fluir. **23**

Um lótus que se abre. **27**

O silêncio **31**

Impessoalidade **33**

Serviço. **35**

Dualidade **39**

SIM **43**

Retiros **47**

Transcendendo o espaço e o tempo **51**

Novos trajes **53**

Em busca da coerência. **57**

Ascensão. **59**

Retorno ao centro **51**

Rumo ao sublime **63**

Trajes de palha, coração de ouro **69**

Na senda do discípulo **73**

Soltando a dor **77**

O arqueiro Zen **79**

Do grupo ao contexto grupal **81**

Da canalização à sintonização **85**

Da terapia à cura **89**

Da observação à contemplação **93**

Da Lei da Atração à Lei da Abundância **97**

A função espelho **101**

A verdadeira liberdade **105**

A verdade **107**

A nova família **109**

Palavras finais **113**

Posfácio **117**

Prefácio

Enquanto compilava os textos para esta nova edição, pude perceber que todos eles traziam um Aroma próprio, facilmente reconhecido, que estava muito além de tudo aquilo que alguma vez eu pudesse ter compreendido do mundo através da experiência direta ou do conhecimento adquirido.

Percebia nas palavras um timbre inconfundível. E embora pudesse observar uma evolução e um amadurecimento na escrita – estes textos foram escritos ao longo dos últimos dez anos –, havia algo intocável que estava além dessa escrita.

Compreendi, então, que existe em nós um Som e um Aroma que não são tocados pelos cheiros e pelos ruídos da civilização. Algo que permanece como sempre foi, com o mesmo timbre, com a mesma fragrância, inalterado. Esse Som é a nossa Essência; e o Aroma, o Amor com que essa se expressa.

Por mais que nos possamos emaranhar nos caminhos do mundo e permitir que este polua a nossa personalidade com os seus cheiros e os seus ruídos, lá dentro, no mais Profundo do Ser, existe algo imperturbável.

Saber reconhecer esse Som e permitir que, através da sua presença, o Aroma da Alma se faça presente é a única coisa realmente essencial que temos para fazer neste mundo. Todo o resto virá por acréscimo, dentro da necessidade daquilo que a Vida definir como importante.

E enquanto estava nesse estado de percepção, uma imagem permanecia viva, querendo mostrar algo mais que todas as ilações que pudesse tirar a respeito destes textos. Via um ser de vestes simples sentado nas margens de um lago. O seu olhar perdia-se no horizonte sem que nada de especial fosse focalizado. Ele estava ali, como estava a árvore, a erva rasteira, no ritmo e no compasso do vento e do ondular suave das águas.

Percebia que aquela imagem era um convite, para mergulhar naquele estado em que nada mais sobressaía ao simples pulsar da Vida em toda a sua Plenitude. Não havia espaço para o conhecimento, para as experiências vividas ou sonhadas, para o desejo de ser ou de fazer, mas apenas o fluir com o ritmo da Presença que nele simplesmente Era.

Nesse estado, todo o conhecimento acumulado, em particular o espiritual, diluía-se no manto sereno daquelas águas, nada mais significando. O que era Vivo e Real era essa Presença sem a qual todas as ideias, todos os sentimentos, todas as ações realizadas ou por realizar, nada seriam. E nada sendo, transformação alguma poderiam trazer ao mundo.

Que esse Som, a Presença do Espírito em nós, se faça presente através das Fragrâncias da nossa Alma, pois apenas este poderá curar esta velha humanidade, resgatando-a para uma Nova Terra.

Paz Profunda,

Pedro Elias

Uma reflexão para os tempos de hoje

Estes são tempos de largar os alforjes, as espadas e as armaduras que usamos para nos proteger daquilo que não conhecemos; são tempos para marchar sobre a orientação sábia de uma presença interna que tudo sabe dos caminhos que temos que seguir, mas que continuamos a ignorar, tantas vezes, por termos medo de ousar dar o passo certo.

Estes são tempos para caminharmos nus e de mãos abertas, certos de que uma Luz Maior nos vestirá e a Energia do puro Amor nos alimentará. São tempos para que todas as âncoras sejam levantadas, mesmo vivendo dentro da civilização, o que significa se desapegar de tudo: equidistante do Sim e do Não, e assim cumprir o plano que os Mestres, aos quais estamos coligados por Afinidade Interna, necessitam materializar para que esta humanidade se cumpra e este nosso mundo possa despertar para o Cosmos que o aguarda desde sempre.

Nós somos os operários dessa tarefa, coligados a empreiteiros que cumprem os planos arquitetados por Conselhos Maiores. Mas um operário não pode fazer o que acha melhor, senão a obra não se realiza. Há que saber seguir o projeto estabelecido e há muito delineado para que, de uma forma harmoniosa, tudo seja cumprido e implementado.

Se nesse operário ainda existir a vontade do Ego como motor da sua vida tridimensional, julgando ele saber qual a melhor forma de cumprir a tarefa, o empreiteiro simplesmente não o contratará. Para este, apenas interessam, na implementação desse projeto, seres que já estejam em silêncio profundo e que sejam capazes de cumprir a tarefa que lhes for atribuída de um modo estável e correto.

Apenas quando a personalidade não condicionar mais os passos que temos que dar e uma força maior, de Natureza Interna, começar a manifestar-se de forma permanente é que estaremos em condições de servir no grupo ao qual estamos coligados. Só então, e nunca antes, é que nos tornaremos um prolongamento desses Mestres, um instrumento nas mãos do Pai que, em essência, somos todos nós dentro da ilusão do tempo.

Esse processo de filiação aos Mestres é gradual. Ele começa com a aspiração ao Divino. Uma aspiração cristalina e incondicional, compreenda-se, e não uma aspiração intermitente. Essa aspiração terá que estar presente em cada batida do nosso coração, em cada lufada de ar inalado pelos nossos pulmões. Terá que ser uma aspiração sólida, contínua, presente em cada gesto, em cada sorriso, em cada lágrima, em cada momento de alegria ou de dor... E este é o primeiro passo.

O segundo passo tem por base o discernimento. O discernimento para perceber tudo aquilo que não é, tudo aquilo que nos afasta do caminho da nossa meta Interior, impedindo-nos de cumprir o que, em consciência, já temos como única coisa realmente importante. Esta é a fase da longa travessia do deserto, na qual o fardo civilizacional terá que sair dos nossos ombros para que uma leveza misteriosa, uma tranquilidade doce se instale na segurança de quem, mesmo tentado pelo "diabo", como nos é relatado na Bíblia, tudo rejeitou que fosse contrário ao caminho por nós determinado, chegando ao fim do deserto imune e livre das tentações que a civilização ainda alimenta em todos nós.

O terceiro passo é o da entrega. O momento em que nos abrirmos de uma forma incondicional ao Divino e a nossa Vontade e a de Deus passarão a ser uma só. E, então, com a personalidade alinhada e entregue aos braços ternos da Mãe Divina, estaremos finalmente prontos para cumprir a parte do Plano que nos compete manifestar e para responder de forma estável aos estímulos dos Mestres.

Hoje são muitos os seres que já estão nessa terceira fase, prestes a receber a Graça final que consagrará o seu corpo. Depois de uma longa travessia do deserto, na qual tiveram que ficar completamente nus perante o olhar de Deus, começam agora o processo final de entregar a sua própria existência, deixando que uma força transcendente e oculta os conduza nas tarefas a desempenhar.

No entanto, essa terceira fase ainda não está completa. Ainda não entregamos tudo; ainda resistimos em largar coisas que temos como importantes, em particular as muletas que nos ajudaram nas fases anteriores e que agora são completamente inadequadas para o caminho que se abre diante de nós. Essas muletas assumem, geralmente, a forma de conhecimentos que foram acumulados ao longo dos anos, de sistemas filosóficos ou doutrinais, mais ou menos esotéricos, que nos ajudaram a esculpir a nossa personalidade, mas que agora têm que ser postas de parte como sinal da nossa entrega.

É importante compreender que um Mestre Espiritual não tem religião, não professa nenhuma doutrina, não segue, não defende nem estabelece nenhuma corrente esotérica específica, já que a sua única filiação é com Deus, sem máscaras, adornos ou formalismos que possam condicionar esse processo. Tudo é cristalino e puro. Aqueles que querem estar a serviço desses Mestres têm que largar todos esses registros antigos, mesmo os mais esotéricos, pois tudo isso pertence ao mundo e nós estamos em processo de estar nele sem ser do mundo.

Outra das muletas que temos que deixar é a dependência para com aqueles que nos ajudaram no nosso processo espiritual em fases anteriores. Esses seres, sejam eles gurus, líderes espirituais ou mestres encarnados, foram importantes durante uma parte do percurso, mas agora não nos podem ajudar mais. Na terceira fase, o processo é procurar em nós a essência profunda daquilo que somos. Temos, por isso mesmo, que nos desapegar do Mestre Exterior para que possamos fazer contato com o Mestre Interior que somos nós mesmos nas dimensões mais altas.

Enquanto estivermos apegados ao Mestre Exterior, dependentes das palavras e da presença dele para que algo aconteça, as portas do Mestre Interior ficarão fechadas. Temos que deixar, por isso mesmo, de ter uma atitude passiva diante do processo, vivendo na sombra desse mestre, para que possamos ter uma atitude ativa, de modo que nos tornemos esse mesmo mestre: aquele que nos irá conduzir ao interior do templo. É preciso compreender que o papel do Mestre Exterior foi apenas o de nos conduzir até a entrada do templo. Apenas o Mestre Interior, essa Voz Profunda que aguarda ser reconhecida por nós, nos levará até junto do sacrário dentro desse templo.

Temos, por isso mesmo, que aprender a caminhar pelos nossos pés e não pelos do mestre. O caminho é buscar em nós uma Verdade Interna, já que apenas esta nos conduzirá à sabedoria profunda sem a qual não há como fazer contato com as Hierarquias Espirituais às quais estamos coligados. Não é a quantidade de conhecimento acumulado que nos levará lá, nem as palavras do Mestre Exterior, por mais sábias que estas sejam, mas a qualidade do nosso Amor e da nossa Entrega. E isto é uma LEI.

Assim que essa entrega for feita, a nossa função Interna nos será revelada e finalmente nos tornaremos um prolongamento dessas Hierarquias de Luz. Será através de todos nós que o Plano se cumprirá neste planeta; que a energia do Cosmos poderá, finalmente, ancorar nesta dimensão e atuar de acordo com a vontade do PAI.

Existem vários lugares, não revelados, prontos a receber todos aqueles que já se encontram plenamente estáveis dentro da aura de uma dessas Hierarquias; lugares que serão conhecidos, por contato interno, dos seres que forem chamados a permanecer por longos períodos de tempo, ou mesmo o tempo inteiro, dentro da tela magnética desses espaços. Será por esses pontos de realidade estável, quando grupos de seres encarnados, e devidamente preparados, passarem aí a se reunir e a viver, que o Fogo Hierárquico começará a permear, através dos seus prolongamentos encarnados, a substância planetária, permitindo que a humanidade possa, ela própria, dar um salto iniciático.

Na zona do globo chamada Portugal, existem vários lugares interdimensionais que são o reflexo, na superfície do planeta da batida profunda de um coração oculto. Esse coração é o chacra cardíaco do planeta que irradia Amor Cósmico e Harmonia Universal por toda a humanidade.

Quem está destinado a viver nessas zonas de contato já foi escolhido mesmo antes de encarnar. É tudo uma questão de tempo até que o amadurecimento dos seus corpos aconteça e o alinhamento final se concretize de modo que possam responder de forma exata e sem vacilações ao estímulo Hierárquico.

Enquanto esse amadurecimento não se dá, as zonas de contato são mantidas ocultas, pois não é possível transportar para essas zonas os restos desta velha civilização. É necessário, primeiro, uma purificação global do nosso corpo para que, quando esse momento for revelado, nada do mundo levemos conosco.

O processo, por isso mesmo, não pode ser feito precipitadamente. Não se trata de fugir do mundo, como muitos fazem, camuflando arestas ainda por limar, mas deixar o mundo de uma forma doce e suave, tal como um fruto maduro que se desprende da árvore sem que ninguém o puxe.

Se para trás deixamos conflitos por resolver, apegos emocionais por esclarecer, é porque existe algo que está alimentando esses apegos e esses conflitos. Então, o processo não é largar tudo para ir para uma zona de contato, mas resolver esses conflitos e clarificar esses apegos. Só quando nada mais nos condicionar é que estaremos verdadeiramente prontos para dar esse passo.

Fugir do mundo é relativamente fácil, ajudando a camuflar aspectos que ainda estão por trabalhar e que muitos não têm a coragem de corrigir ou mesmo de confrontar. É como alguém que, não sendo capaz de resolver os problemas de uma empresa em fase de falência, resolve abandoná-la na irresponsabilidade de quem julga que todos os problemas deixarão de existir. Pois não deixam! Atrás dele irão os cobradores e todos os empregados. O problema é que nas zonas de contato os cobradores e os empregados não podem entrar e, com eles, nós também não entraremos. Deixar o mundo é mais difícil, já que exige que tudo fique esclarecido, ou seja, todas as dívidas terão que ser pagas e todos os problemas clarificados para que depois, e só então, libertos dos cobradores, possamos finalmente deixar a empresa sem que nada mais nos prenda ou condicione.

No entanto, enquanto isso não acontece, e se esse for o nosso destino, que procuremos, de uma forma estável e responsável, desempenhar tarefas dentro desta civilização, pois esse é um caminho igualmente válido e importante, já que permitirá ajudar de uma forma direta no despertar de muitos seres e, como consequência desse despertar, na ativação de mais alguns núcleos de serviço Hierárquico que irão integrar a rede mundial, ajudando e possibilitando a descida, neste plano de manifestação cósmica, do Fogo Divino.

A verdadeira razão de ser de uma semente

Certa vez, um forasteiro, ao passar por uma estalagem, entrou e sentou-se a uma das mesas. Uma jovem que ali servia aproximou-se, cumprimentando-o enquanto lhe entregava o cardápio. Ele pediu uma refeição ligeira que a jovem anotou.

Depois de ter comido, o forasteiro reparou que não trazia consigo dinheiro, pedindo à jovem que chamasse o estalajadeiro. Quando este se aproximou, disse-lhe:

"Não trago comigo dinheiro com que possa pagar esta refeição, mas se aceitardes poderei oferecer-vos estas duas sementes que contêm em si a Verdade Suprema e que me foram entregues diretamente por Deus."

O estalajadeiro, honrado com tal oferta, aceitou.

Antes de sair, o forasteiro chamou a jovem que o tinha atendido de forma simpática e acolhedora, oferecendo-lhe, sem que ninguém soubesse, a terceira semente que trazia consigo.

O estalajadeiro pegou então as duas sementes e colocou uma dentro de um cofre e a outra no pedestal do templo para que a população pudesse louvar a Verdade Maior.

A terceira semente, aquela que o forasteiro dera à jovem que servia na estalagem, foi lançada à terra e regada com o amor que essa jovem dedicou a tal tarefa. E enquanto as pessoas se reuniam no templo para louvar a semente da Verdade Maior e o grupo mais restrito se reunia secretamente para adorar a semente guardada no cofre, a jovem limitava-se a caminhar até o quintal onde, todos os dias, ia regar a pequena semente.

E os anos se passaram...

O culto à semente do templo cresceu e espalhou-se pela região. Muitas eram as pessoas, multidões imensas, que todos os anos caminhavam até o templo para fazer as suas preces e os seus pedidos.

O outro culto, o da semente guardada no cofre, mais reservado, secreto e misterioso, crescia também, trazendo até o núcleo central, depois de provas de admissão e rituais vários, algumas pessoas da região.

E enquanto os dois cultos cresciam, a jovem que trabalhava na estalagem passava parte do seu tempo cuidando da semente, que se transformara numa bonita árvore.

E foi então que um grande burburinho se levantou naquela aldeia quando foi anunciada a chegada de um enviado de Deus. Ele, o mesmo homem que anos antes entregara as sementes, entrou na estalagem e sentou-se a uma das mesas.

O estalajadeiro, honrado com tal visita, dispensou todos os empregados para que fosse ele o único a servir aquele homem. Foi então que este, ao recusar o cardápio, disse:

"Servi-me a Verdade."

O estalajadeiro foi então buscar as duas sementes, trazendo-as até si:

"Aqui está a Verdade, Senhor."

O forasteiro olhou para ele confuso, dizendo:

"O que me serves, homem? Achais mesmo que posso comer estas sementes?"

Ao que o estalajadeiro respondeu:

"Mas, Senhor, não me haveis pedido para vos servir a Verdade? Ela aqui está: as sementes que me haveis oferecido."

O homem levantou-se desapontado, dizendo, enquanto saía:

"Quando eu vos ofereci essas sementes, elas eram a Verdade, mas hoje a verdade é outra."

E saiu da estalagem com fome, caminhando pela rua principal da aldeia.

Foi então que, ao passar pelo quintal de uma casa mais afastada, viu uma árvore robusta e, junto desta, uma jovem. Aproximou-se.

"Que árvore bonita...", disse ele num leve sorriso.

"Sim, mestre!", respondeu a jovem, reconhecendo-o. "Nasceu da semente que me haveis oferecido."

Ela aproximou-se então da árvore colhendo alguns frutos que lhe ofereceu e disse:

"Aqui estais a Verdade que procurais."

Ele sorriu, retorquindo:

"Agora que haveis compreendido, não guardeis esses frutos num cofre para os proteger, nem os coloqueis num pedestal para os adorar, mas doai-os ao mundo para que, no mundo, uma nova verdade possa nascer."

E aquele enviado de Deus partiu satisfeito, pois pelo menos uma pessoa compreendera a razão de sua missão e, assim sendo, novos frutos, germinados de uma árvore nascida e mãos sábias de quem soube compreender a verdadeira razão de ser uma semente, iriam ser doados ao mundo, saciando-o de uma longa fome.

Deixar fluir

Em muitos seres existe hoje uma urgência, uma necessidade existencial de corrigir o mundo, de sarar as feridas de uma civilização esquecida de si mesma, distante dos propósitos maiores que a ela estavam destinados. Uma urgência que se torna cada vez mais presente em todos aqueles que assumiram um compromisso para com a humanidade. O compromisso de caminhar de coração aberto diante do olhar cego daqueles que só acreditam naquilo em que podem tocar, mostrando que esse tocar é mais profundo, mais vasto, que tocar com o coração é sentir a unidade de todas as coisas na força transmutadora dessa energia maior a que chamamos AMOR.

Mas essa urgência deixa-nos inquietos, confusos quanto ao caminho a percorrer. Como poderemos ter a certeza de que caminhamos pelos trilhos do nosso destino? Que todas as experiências vividas nos conduzirão ao momento certo, à tarefa exata, ao lugar que nos corresponde um Plano Maior do qual somos um elemento essencial? A resposta é simples e resume-se, tal como se de um mantra se tratasse, na seguinte frase: "Deixar Fluir". O efeito dessas palavras deveria ser mágico para todos nós, trazendo, com o simples ato de pronunciá-las, a PAZ.

Se hoje estamos no lugar onde nos percebemos, se por caminhos misteriosos nos foi dado encontrar pessoas importantes para o nosso processo tridimensional, viver situações inesperadas e regeneradoras de energia estagnada em nós, é porque foi esse mesmo fluir que nos levou até lá. Nenhum estratagema mental, nenhum plano por mais elaborado que seja, nos levará ao destino que nos compete cumprir, pois, se assim fosse, essa condução estaria nas mãos da personalidade e não da Alma.

A personalidade é como uma pessoa perdida dentro de um labirinto que ela julga conhecer ao pormenor e onde, para seu próprio desespero, se disso tiver consciência, repete constantemente os mesmos erros, passando pelos mesmos lugares, tropeçando nos mesmos obstáculos, batendo infindáveis vezes com a cabeça nos mesmos becos sem saída, numa encenação dolorosamente repetida na ilusão de quem julga saber por onde caminha. Pois não sabe! Quanto mais a personalidade procura, mais perdida fica nesse emaranhar de corredores. Apenas quando ela parar de procurar e entregar essa condução à Alma que, por cima do labirinto, vê todos os caminhos, é que, finalmente, num doce fluir de quem é conduzido por mãos mais sábias, ela encontrará o trilho de seu destino.

Não foi esse fluir sem aparente rumo que, tal como folha sobre as águas de um rio, nos conduziu ao lugar onde nos encontramos? Não deveríamos, uma vez mais, confiar nessas mãos sábias que sabem exatamente a tarefa que nos está destinada cumprir; o espaço e o tempo certo de uma vivência contínua no olhar de quem antes mesmo de encarnar tudo pôde testemunhar de um caminho por si predestinado e escolhido? Por que a ansiedade, então? Por que a dúvida e a incerteza que tantas vezes se instalam? Não caminhamos pelo trilho de uma existência dedicada a Deus, de uma missão de quem se propôs ajudar a humanidade nestes tempos difíceis? Se tudo entregarmos ao Alto, o que recear? Não somos todos nós autoconvocados numa tarefa que assumimos diante dos nossos Irmãos Maiores, propondo-nos a ajudar na elevação daqueles que compartilham este planeta conosco?

Repitam, pois, comigo esta simples frase: "Deixar Fluir". Deixar que a corrente desse imenso rio nos conduza à enseada do destino que nos compete cumprir, sem desejar alcançar nenhuma das margens, pois, se o fizermos, a estas ficaremos presos; estagnados nos charcos pantanosos de onde dificilmente sairemos.

"Deixar Fluir" não é inércia, mas prontidão. E não é inércia porque sabemos que uma mão maior nos conduz. "Deixar Fluir" é como um bombeiro no quartel, pronto a correr a qualquer eventualidade se a sirene tocar, mas que, enquanto espera, simplesmente deixa que o tempo corra docemente, na tranquilidade de quem sabe que está a serviço de uma causa maior. Se assim não fosse, e ele deixasse o quartel por não ter suportado o silêncio e a espera, seguindo outros caminhos, a sirene tocaria e ele não estaria pronto para atuar. Mas se ficar no quartel, mesmo sem saber a tarefa que lhe corresponde desempenhar, quando a sirene tocar ele estará pronto e tudo largará para cumprir o seu destino, pois sabe que essa é a sua única função.

Enquanto espera, no entanto, as suas únicas palavras são: "Deixar fluir". E este é o caminho direto para a PAZ.

Um lótus que se abre

Na dormência das águas de um pântano estagnado, na "bacidez" torpe de um manto de água escura, uma flor brotou à superfície e abriu-se à luz do sol. Na doçura das suas pétalas delicadas, a luz encontrou um meio de penetrar dentro desse pântano, alimentando as sementes que neste se encontravam adormecidas. Tempos depois, na força dessa nova Luz que chegava ao mais profundo recanto desse imenso pântano, milhares de flores começaram a brotar à superfície, canalizando, através das suas raízes profundas, correntes de luz e, com esse gesto de Amor, ajudando no despertar de todas as outras.

Na verdade, algo de profundo está a acontecer no planeta, não apenas na contraparte física do espaço onde nos encontramos encarnados, mas também na dimensão Interna de nós mesmos que, unificados a um mesmo Princípio, sentimos, numa vivência interior e muito particular, essas mesmas mudanças.

Todos nós assumimos um compromisso com o mundo. O compromisso de brotar das águas do pântano em que esta civilização se transformou e, tal como flor de lótus no abrir da suas pétalas, começar a receber essa Força Maior, canalizando-a, através de nossas raízes profundas, para o mundo.

Hoje, muitas são as flores que brotam à superfície desse pântano e que, aos olhos daquelas que permanecem em estado de semente, parecem estranhas, loucas... No fundo, é a repetição da "Alegoria da Caverna de Platão". Não nos compete, no entanto, tentar convencê-las da existência desse Sol imenso que as aguarda, e sim, canalizar para todos, na forma de Luz e Amor, essa energia que deverá ser doada incondicionalmente.

Será a qualidade do nosso Amor que, tal como adubo lançado à terra, irá permitir que essas sementes se transformem em flores e que essas flores se abram à Luz Maior que sempre esteve presente dentro delas através da VIDA: da única VIDA existente.

Que não procuremos, por isso mesmo, justificativas perante os outros para os caminhos que escolhemos, para as opções que nos foram dadas a viver, para a visão esclarecida e sábia de quem em si compreendeu o mistério que está por trás da existência, mesmo que ainda não seja capaz de formalizar tal vivência em palavras. Não são as explicações teóricas, os argumentos lógicos, as estruturas mentais formalizadas em rituais tantas vezes arcaicos que irão fazer com que esta humanidade desperte, e sim, o Amor. Por vezes, diante do ceticismo daqueles que estão a nossa volta, basta um simples sorriso. Um sorriso que, na segurança e na tranquilidade profunda de quem já se abriu a essa Luz, irá estimular nos outros esse mesmo despertar.

Estes são tempos de profundas mudanças, como sabem. De mudanças que irão resgatar esta humanidade de uma cegueira que a condenou à mais profunda ignorância. E isso é algo que se sente no ar. É o próprio chilrear dos pássaros que nos dá notícia disso, é o som do vento no curvar das árvores que anuncia essas transformações, é o ressoar espumoso das ondas na enseada e o perfume doce e cristalino das plantas que nos embriagam com a sua PAZ Profunda que nos falam de tudo isso.

É o próprio respirar deste planeta cansado que nos alerta para aquilo que já está visível. O planeta já compreendeu e já aceitou essas mudanças. Apenas a humanidade continua a insistir nos mesmos caminhos, nos mesmos erros, na ilusão de quem ainda não compreendeu que esta civilização já não tem lugar num planeta que, tal como árvore no outono, precisa despir-se das folhas secas para que na primavera novas folhas, novas flores e novos frutos possam brotar, rejuvenescendo a própria árvore.

Mas isso é para ser vivido com tranquilidade, sem alimentar expectativas. Sem que nos deixemos levar pelas correntes fanáticas e fundamentalistas de quem ainda não compreendeu que o processo deve acontecer primeiro dentro de nós e só depois se estenderá ao mundo inteiro. É através do Amor daqueles que já estão prontos que este planeta poderá, finalmente, ser curado da doença que o atormenta.

E para isso basta um simples sorriso vindo de dentro do nosso Ser Interno para que mais uma ferida seja sarada, para que mais uma lágrima se transforme em esperança renovada, para que mais uma semente de lótus venha à superfície e se abra, na frescura de uma flor que acabou de nascer à LUZ MAIOR.

E à medida que as flores de lótus se abriam à LUZ mais Alta, uma outra flor aguardava pacientemente que essas despertassem, lançando sobre as águas escuras do pântano uma doce fragrância que as pacificou. Todas elas repararam que o perfume era exalado por uma flor que se erguia sobre as margens, dobrada em reflexos suaves que o ondular do pântano distorcia. Ficaram maravilhadas! O seu perfume transportava Inocência, Simplicidade, Candura, Harmonia e PAZ. E as flores de lótus aproximaram-se da margem, perguntando em uníssono: "Qual é o teu nome?". E a flor da margem respondeu: "O meu nome é LYS".

O silêncio

O silêncio é a nota profunda e imaculada do nosso estado original. É a Voz da eternidade debruçada sobre o tempo, um doce murmúrio que Deus sussurra em nosso ouvido. É uma suave fragrância da Alma que preenche o vazio em que tudo se manifesta. Um aroma sagrado que abre no nosso coração o espaço necessário para que possamos ouvir a Voz da Eternidade... Aquela que nos fala do Verdadeiro Ser que somos e da Morada que nunca deixamos.

Cultivar o silêncio é procurar em nós o rosto de Deus, essa expressão de Fogo que somos nós verdadeiramente. Ali, todas as forças que controlam os planos tridimensionais são suspensas, despertando um estado de quietude profunda em que nada de irreal pode penetrar. Nesse Templo Vivo de Luz Pura em que nos transformamos, nada mais permanecerá do que a realidade dos planos supracivilizacionais. O silêncio é a antecâmara do contato com o Divino em nós, com a verdade para além de todas as ilusões.

Estar em silêncio, no entanto, é muito mais que ausência de palavras: é um estado de consciência que se manifesta em cada gesto, em cada atitude e em cada momento da nossa existência temporal. Que possamos compreender, pois, que a palavra, ou a ausência desta, nada tem a ver com o silêncio. Nós podemos falar e ao mesmo tempo estar em silêncio, e isso acontecerá sempre que as palavras não rasgarem o éter circundante, mas se, pelo contrário, ondularem com esse éter na harmonia, reflexo de um estado de Paz Profunda, com que são emitidas. Falar em silêncio é, sem dúvida, uma das maiores dádivas que poderemos ofertar ao planeta, tal o ruído produzido por esta civilização.

Contudo, esse silêncio não é para ser manifestado, apenas, na esfericidade das palavras, mas também na doçura dos nossos gestos, na qualidade dos nossos pensamentos, na consciência de serviço das nossas ações, revestindo tudo com a PAZ resultante da entrega incondicional à Vida.

Estar em silêncio é, por isso mesmo, estar em sintonia profunda com os núcleos internos do nosso Ser. É emitir para o exterior uma nota esférica e cristalina, em que nenhuma aresta se encontra presente. Um Ser em silêncio é um Templo Vivo, uma expressão do rosto de Deus dentro da matéria em ascensão.

Cultivar o silêncio é o primeiro passo para a revelação, na substância tridimensional, do Fogo Cósmico do Espírito. Ele é, em definitivo, a Voz da Eterna Presença.

Impessoalidade

No desenrolar do processo humano, na sua crescente não identificação com as coisas deste mundo, não pela sua negação, mas pela superação em nós de todos esses apelos, a impessoalidade é essencial como forma de transcender apegos e cortar as *teias relacionais* que nos escravizam por não saber, ainda, ver no outro o seu verdadeiro rosto.

A impessoalidade é o único caminho para que, em todos nós, possa despertar o Amor Incondicional, já que passaremos a ver no outro um reflexo da única Vida existente, sem que nenhum tipo de apego esteja presente. Nenhuma distinção é feita entre aqueles que estão próximos e os outros que, embora distantes fisicamente, estão tão presentes quanto estes.

A impessoalidade é um espelho que reflete a Luz da nossa Essência Profunda, permitindo clarear, desanuviar, limpar e subtilizar os relacionamentos entre Seres. Nada mais nos deverá ligar àquele Ser que não o Amor profundo que nos une a toda a Humanidade por igual.

Assim sendo, deixaremos de reagir de acordo com os protocolos civilizacionais que convencionam comportamentos e atitudes, para passarmos a nos relacionar com o rosto que está por trás da máscara e que nada mais pede do que uma profunda reverência pelo fato de existir.

É importante compreender, no entanto, que impessoalidade não é o mesmo que indiferença. Na indiferença, o ser não constrói, apenas se distancia do outro por medo. Na impessoalidade, pelo contrário, ele se distancia da forma para se aproximar da Essência, construindo no outro uma ponte que o ligará ao que de mais profundo existe nele e não às forças civilizacionais que o condicionam. É por dentro que esse contato se dá, chegando junto do outro no plano em que ele verdadeiramente se encontra.

Sem esse contato interno não há relação, mas apenas uma sombra que se pretende travestir da essência que lhe dá expressão. Há que ter a coragem de deixar a caverna onde essas sombras possuem rosto de realidade, para caminhar até o exterior e contemplar a luz do Sol e os objetos que estão por trás dessas sombras que sempre tomamos como verdadeiras, mas que são apenas uma simples máscara. Todos os relacionamentos humanos são uma expressão dessa máscara, por mais sutis que estes sejam. Apenas através da impessoalidade, por mais paradoxal que isso possa parecer, é que se conquistará a verdadeira relação.

Há que, por isso mesmo, ter a coragem de buscar no outro a sua Essência e não a forma exterior refletida nos traços aos quais nos habituamos e nos sentimos seguros, mesmo sabendo que essa segurança nada mais é que estagnação.

Ser impessoal não é ser indiferente, como foi dito, mas procurar no outro aquilo que de mais profundo ele tem para revelar. Ser impessoal é olhar para além de todas as máscaras, não confirmando os traços que lhe dão expressão e, assim, procurando invocar a Luz que se esconde por trás dos seus contornos.

Só então estaremos prontos para manifestar, como reflexo da expressão interior da nossa verdadeira identidade, aquilo que se poderia chamar de *Pessoalidade-Impessoal*. Um estado que transcende toda a forma e todos os laços materiais com esta dimensão, revelando os traços internos de uma identidade cujo único vínculo é a própria Divindade.

Encontraremos, então, como vivência interna dessa realidade, a expressão Real do EU Universal. Um EU que, em essência, somos nós próprios dentro da ilusão do tempo.

Serviço

Ao contrário do que a mente coletiva da atual civilização possa definir como sendo o Serviço, servir não é fazer coisas, não é ajudar de uma forma cega movido pela vontade humana e pelas ideias instituídas sobre como essa vontade deve ser direcionada ou aplicada. E basta olhar o mundo onde vivemos para observar o triste cenário do resultado dessa mesma vontade.

Servir é tão simplesmente irradiar para este plano dimensional a Luz interna da Alma, sendo esse fluir de energia a expressão real daquilo que é o verdadeiro serviço. Um pastor no alto de um monte a guardar as suas ovelhas pode estar bem mais próximo dessa energia do serviço do que alguém no sopé desse mesmo monte a construir um centro espiritual.

Devemos, por isso mesmo, eliminar da nossa mente qualquer ideia preconcebida do que é servir, de como se deve servir, pois nada disso, sem esse fluxo Interno de radiação pura, é serviço, mas apenas o resultado, tantas vezes, da ação do ego que busca protagonismo e reconhecimento, mesmo que disfarçado de outras coisas.

É na medida e no grau em que nos desapegamos da ideia de servir e de como servir que essa energia começará a fluir através de nós, chegando aos outros no ponto exato em que eles verdadeiramente têm que ser ajudados. Qualquer estrutura mental sobre o que deve ser o serviço é, por isso mesmo, um travão a essa irradiação de Luz, bloqueando a verdadeira tarefa que nos compete desempenhar.

Faz lembrar aquele ser que, julgando que o seu serviço era ajudar diretamente aqueles que tinham fome, tudo largou para se doar a essa tarefa, ignorando, no entanto, que o seu serviço era tão simplesmente cultivar a terra para produzir alimentos que mais tarde iriam ajudar essas mesmas pessoas. Não só ele não cumpriu a sua função, por ter se deixado levar por aquilo que a sua mente achava que era o serviço, como impediu que aquele cuja tarefa era ajudar esses pobres o pudesse fazer, já que alguém tinha tomado o seu lugar indevidamente. E assim, não só ele não os ajudou, pois não havia comida com que os alimentar, como todo o seu processo ficou bloqueado, impedindo que essa energia de Amor Puro, aquela que o outro ser teria irradiado no serviço prestado a essas pessoas, pudesse fluir, curando-os da doença profunda que se entranhou no seio desta humanidade e que vai muito além da fome ou da miséria.

Só quando todos percebermos que servir não é fazer isto ou aquilo, estar aqui ou acolá, e sim sermos um canal para que essa energia possa fluir para o mundo, é que nos tornaremos, nós próprios, servidores do Plano Evolutivo. Até lá, somos apenas seres de boa vontade, implementando ideias e buscando soluções humanas para problemas que estão para além das nossas forças tridimensionais. Será apenas através do Amor, do fluir dessa Energia que vem dos planos para além da mente, que a Humanidade poderá ser curada da doença que a atormenta.

E tudo isso é para ser vivido de uma forma simples, já que é no silêncio dos nossos gestos que essa energia chegará aos outros, de tal forma que aqueles que a irão receber nem se aperceberão daquilo que lhes aconteceu. Deve ser vivido, também, de uma forma desapegada, pois os resultados desse serviço não nos dizem respeito nem nos devem prender na vaidade que tantas vezes se instala em nós pelas ações praticadas.

E finalmente deverá ser vivido de uma forma impessoal, pois a nossa essência profunda busca ajudar todos os homens e não apenas aqueles que estão mais próximos ou que têm mais carências materiais. A verdadeira doença que atormenta esta civilização toca a todos e a todos essa energia deverá chegar.

Buscar esse contato interno antes que qualquer passo seja dado é colocarmo-nos nas mãos sábias dessa presença de Fogo que somos nós próprios nos planos mais Altos e deixar que a sua sabedoria nos possa conduzir para onde verdadeiramente temos que estar.

Servir é, por isso mesmo, irradiar Amor para todos. Servir é fluir com a energia sem alimentar expectativas sobre as tarefas e as funções externas a serem implementadas e sem desejar direcionar essa energia para onde a nossa mente possa julgar mais adequada. Fazê-lo é bloquear o próprio processo, já que deve ser essa energia a nos conduzir como expressão interna da nossa verdadeira identidade e não o contrário.

Busquemos, por isso mesmo, esse contato interno dentro da simplicidade dos gestos cotidianos, e todo o resto fluirá dentro do Plano há muito estabelecido. Quando menos esperarmos, e sem que nada de externo o possa denunciar, nos encontraremos dentro da energia do serviço desempenhando a tarefa que nos corresponde, e essa é a maior Alegria que um ser pode experimentar neste mundo.

Dualidade

A dualidade é uma refração no tempo e no espaço da realidade estacionária do Universo Imaterial em que tudo é Uno. É um mecanismo que o Divino usa para permitir a sustentação do Universo-Mãe onde o Fogo Fricativo é um dos motores da evolução.

Sem dualidade não há fricção e sem fricção não há como elevar a substância a patamares superiores da existência Cósmica. É essa fricção que permite, pelo atrito gerado entre a matéria ascendente e a consciência descendente, que o Fogo do Espírito possa gerar a Síntese de toda a existência neste Universo.

No entanto, apesar de ser um instrumento de Deus, a dualidade não deixa de ser uma ilusão se observada à luz da nossa Essência Profunda. Nenhum ser pertence a este Universo; estamos aqui apenas para transubstanciar a matéria que nos dá expressão, queimando-a com o Fogo do nosso Espírito. Há que, por isso mesmo, saber posicionar a consciência no ponto de realidade em que verdadeiramente nos encontramos, e não no imenso palco do drama tridimensional em que este planeta está mergulhado.

Saber contornar a dualidade, mantendo a consciência na unidade profunda que nos define como essência, é fundamental no processo de elevação da matéria que nos corresponde trabalhar na Síntese de muitas encarnações. Através da dualidade, forjamos essa matéria, moldando-a à imagem do arquétipo que nos compete manifestar neste plano tridimensional. Contudo, será apenas quando superarmos essa dualidade que poderemos elevar a matéria por nós trabalhada a um plano Superior deste Universo dimensional.

Pelo Fogo Fricativo, a matéria do nosso corpo foi sendo moldada e refinada ao longo de encarnações, mas será apenas através do Fogo Cósmico, o elemento ígneo em nós, que essa matéria poderá ser devolvida Àquele que lhe deu expressão.

Assim sendo, devemos evitar cair nas armadilhas deixadas por essa mesma dualidade e na separação que fazemos das coisas entre o bem e o mal, o sagrado e o profano, o certo e o errado e tantas outras que definem a existência nesse plano tridimensional.

Na verdade, o bem e o mal são apenas difrações de uma verdade maior e, como difrações que são, fragmentos dessa mesma verdade. Se soubermos olhar para além das máscaras, constataremos que não existe nem o bem nem o mal, mas a sintonia profunda com o princípio imaterial que está por trás da nossa existência tridimensional ou com a ausência dessa mesma sintonia.

Que possamos compreender que tudo o que definimos como sendo o mal é apenas o resultado de ações realizadas por seres que não estão em sintonia com o Amor profundo que eles são em essência. É algo que não existe, por isso mesmo, como uma realidade própria, mas como uma distorção resultante da ausência de alinhamento entre a consciência tridimensional do Ser e os seus núcleos profundos.

Da mesma forma, o bem é outra distorção e não uma realidade em si mesmo. Não é nada a que se possa aspirar, já que em alinhamento profundo um ser não é bom, mas apenas a expressão da sua própria essência.

Uma árvore não dá frutos por um ato de bondade, ela se limita a manifestar a sua natureza profunda, ou seja, ela não tem como não os dar. Eles são uma decorrência natural daquilo que ela é e que sempre será. Da mesma forma, um ser em alinhamento profundo e em sintonia com esse Amor que ele é, ao manifestar determinado tipo de comportamento de teor evolutivo, também não o faz por um ato de bondade, mas porque essa é a sua natureza.

Ações que possamos definir como bondosas refletem, pelo próprio ato de as catalogarmos, ausência de sintonia com os planos internos. Nós não somos bons nem maus, nós somos e sempre seremos esse Núcleo Divino que habita a Eternidade.

Outra das dualidades com que nos deixamos tantas vezes enredar é aquela que separa ações, gestos ou atitudes, entre profano e sagrado. A própria dualidade não é precisa na linha de separação que pretende esboçar, já que, se fosse vista como real e não como uma refração da realidade, muitos dos seus parâmetros teriam que ser redefinidos.

Sagrado seria, desse modo, tudo aquilo que fosse feito em consciência e em sintonia com o Divino. Assim sendo, muitas coisas que tomamos como sagradas passariam a profanas, se realizadas sem Amor e sem consciência de Serviço – que deve permear cada gesto da nossa existência tridimensional –, já que nada mais transportariam além das sombras desta decadente civilização.

Por outro lado, muitas das coisas que tomamos como profanas, por as julgarmos indignas de serem apresentadas aos olhos do Divino, passariam a sagradas se realizadas em Sintonia com esse princípio imaterial que nos habita.

Sim, porque estar sentado num templo em oração pode ser um ato do mais profano se a nossa consciência não estiver polarizada no Divino, enquanto o ato simples de varrer as folhas secas no pátio desse mesmo templo pode ser algo profundamente sagrado, se feito com Amor e em honra do Único Ser.

No entanto, toda a dualidade se dilui na certeza profunda de que internamente tudo é Luz, sendo o grau de sintonia com os Planos Internos do Ser aquele que alimenta ou anula a própria dualidade.

Se já estamos despertos, que não nos deixemos, pois, enredar nas teias desse imenso palco em que as nossas consciências tridimensionais ainda se polarizam na vida do personagem que nos foi dado para representar, já que nos planos Superiores de Consciência, para além dos limites desse mesmo palco – em que a peça escrita pelo punho de Deus se desenrola –, tudo é Unidade, tudo é Inalterância.

SIM

Quando assumimos de uma forma consciente a direção por nós há muito determinada, quando o Sim interno ressoa profundamente na antecâmara do Eu Superior, assumindo uma forma esférica e cristalina, todas as forças contrárias a esse movimento despertam de uma longa sonolência.

Esse despertar sincronizado – já que muitas dessas forças não se manifestavam há séculos de uma forma direta por se sentirem confortáveis dentro do ritmo inconsciente dos nossos comportamentos –, deve-se ao fato do Sim por nós vivido e pronunciado Internamente ter implicações Reais na nossa vida humana e tridimensional, o que significa mudar em nós hábitos e aspectos ancestrais: os tais em que essas forças sempre se acomodaram no conforto de saberem que nenhuma vontade humana, por si só, poderia desalojá-los.

Esse Sim é a autorização interna para que Entidades de outros planos de Consciência possam atuar e transmutar dos nossos corpos todos esses nódulos antigos. Esse Sim, um reflexo da nossa entrega profunda ao aspecto feminino do Cosmos, o sustentador da própria Criação, é o motor de arranque que nos resgatará desta dimensão linear rumo a uma dimensão circular e, por isso mesmo, é visto por essas forças como um grito de guerra; um ato que irá pôr em causa o território que conquistaram ao longo de encarnações.

É após esse Sim, como resultado de uma invocação Interna que cada um de nós fez ao mais profundo do seu Ser e, através Deste, ao próprio Divino, que é mostrado ao discípulo o caminho, a meta por ele definida antes mesmo de ter encarnado. Em um breve vislumbre, seja este externo ou interno, perceptível pelos sentidos exteriores ou apenas sentido através da nota vibratória que define essa tarefa, o discípulo Vê o que o aguarda. Nesse momento único, a Paz instala-se no seu corpo como prenúncio do momento em que esta irá permanecer de uma forma estável e definitiva.

Nesse instante, quando a nossa consciência é revestida pelo manto da eternidade, mesmo estando dentro do tempo, nada mais fica do que uma doce fragrância de Luz e uma Paz que anula todas as velhas forças. No entanto, e essa é a grande prova do discípulo, apenas é revelado o vir-a-ser no tempo de algo que necessita ancorar na matéria para poder cumprir a sua verdadeira função.

E é exatamente nesse instante de Graça momentânea que o discípulo deixa de Ver e todas as forças retrógradas, que se movimentam nele, começam a atuar de uma forma intensa e persistente. Não apenas porque foi revelada a imagem em que essas forças não têm mais lugar, provocando a sua reação, como o próprio Universo, na sua infinita sabedoria, mas também para direcionar parte dessas forças para testar o Sim por nós pronunciado.

Não esperemos tempos fáceis após esse Sim. Muitas serão as provas, muitas serão as dificuldades, muitas serão as forças que em nós, ou através daqueles que nos envolvem, irão fazer para nos desviar do caminho que, em consciência, já temos como sendo único e verdadeiro.

Perante isso, há que estar vigilante, há que saber denunciar essas forças no próprio momento em que elas se apresentam, sem nunca as confrontar. Que possamos compreender que nada de radical nos poderá ajudar. Nenhum gesto brusco ou atitude ascética deliberadamente direcionada terá efeito algum, já que isso seria tentar combater essas forças e o processo não passa por uma luta, mas pela entrega incondicional ao Divino.

Da nossa parte apenas nos são pedidas a coragem, a determinação e a Fé de seguir o trilho desse tênue fio de Luz em que se encontra a nossa consciência, sem vacilar um único milímetro face à tempestade que nos envolve. E tudo isso é para ser vivido de uma forma ordenada e ao mesmo tempo livre, de uma forma disciplinada e ao mesmo tempo fluída.

O Sim que conduz à Graça final é, por isso mesmo, a maior prova a que o discípulo terá que se sujeitar. Saber compreender o jogo de forças que está por trás dessa prova – que tudo aquilo que nos desestabiliza não vem de nós nem dos outros, mas dessas forças que, movidas pelo medo de serem aniquiladas, tudo farão para manter o seu espaço –, deverá trazer-nos tranquilidade, pois se a nossa consciência permanecer firme nesse veio de Luz, na imagem interna que nos foi revelada, o que mais poderá perturbar essa certeza profunda que nos habita?

Que compreendamos que após os votos internos, após a entrega incondicional de nós próprios ao Universo como um todo, nada mais nos poderá desviar desse caminho por mais tenebrosos que possam parecer os cenários que são montados à nossa volta. A questão que se levanta não é saber, por isso mesmo, se chegaremos lá – isso é algo que está delineado ao mínimo detalhe desde sempre e que aguarda apenas a consumação dos ciclos –, e sim o grau de sofrimento que estamos dispostos a aceitar perante o mar tempestuoso em que navegamos.

A dor não podemos eliminar, é certo, ela é inerente à própria existência nos planos tridimensionais, no entanto somos nós que definimos se essa dor se transforma em tristeza ou em alegria, em desespero ou em confiança, em solidão ou em união, nas lágrimas de quem se julga abandonado, ou na força desse sorriso de Luz que se esconde por trás dos contornos da máscara civilizacional.

Um sorriso que é a expressão Viva e Real da nossa Identidade Profunda e Eterna.

Afinal, quem és tu?

Retiros

Um retiro não deve ser visto por nós como uma oportunidade para nos isolar do mundo na busca da tranquilidade que nos falta nos meios urbanos onde vivemos. Um retiro não é um passeio pelo campo, um retorno à natureza e muito menos um meio de fugir dos problemas do mundo, na ilusão de que esses serão resolvidos se permanecermos isolados.

Que possamos compreender que, sempre que vamos para um verdadeiro retiro, todas as expectativas humanas sobre a forma que o retiro deverá ter são varridas pela energia atuante na área em questão. Se vamos na expectativa do retorno à natureza, à tenda no alto do monte, ao sol, à brisa, aos pássaros, a todo esse cenário romântico então, o mais certo é que este se transforme exatamente no oposto, como forma de testar a nossa entrega, mostrando-nos que estar em retiro nada deverá ter a ver com as condições externas do espaço onde nos encontramos, mas com a postura que devemos assumir em consciência pelo trabalho interno a ser realizado naquele momento.

Estejamos, por isso mesmo, preparados para tudo. É uma oportunidade única de transmutar forças ancestrais que necessitam sair para que novos passos possam ser dados. Um retiro nos proporciona a oportunidade de contatarmos o profundo do nosso Ser e de nos confrontarmos, de uma forma direta e sem máscaras, com as forças retrógradas que ainda atuam nos nossos corpos.

Se o retiro for realizado com total entrega, processos intensos de transmutação irão certamente ocorrer, libertando-nos dos pesos que ainda transportamos nos ombros. Não esperemos, por isso mesmo, que o retiro aconteça de uma forma suave, mas na turbulência necessária para que o lodo do fundo do tanque venha à superfície, após ser mexido pela energia da área de contato, possibilitando que este seja removido das águas turvas, limpando-as.

É num retiro que somos confrontados com partes da personalidade que desconhecíamos, permitindo, na vivência intensa que iremos experimentar, que estas sejam transmutadas. No entanto, nenhum processo de transmutação de forças pode ocorrer sem que vivamos intensamente a ação dessas mesmas forças. Se é o medo que tem que ser transmutado, então o mais certo é que, durante o retiro, experimentemos, de forma intensa, esse mesmo medo, trazendo à superfície registros antigos para que estes possam ser removidos pela raiz.

Contudo, todo esse aflorar de forças, toda essa vivência intensa de correntes contrárias ao processo evolutivo, não acontece apenas durante o retiro, mas também, e isso é mais notório sempre que estivermos em vias de ir para uma área de contato, nos meses anteriores a esse acontecimento. E isto é assim para que tudo seja revelado à consciência do Ser, para que tudo seja posto a descoberto, de modo que uma limpeza profunda possa ocorrer quando estivermos nessa mesma área.

O mais certo é que, por isso mesmo, nas vésperas de um retiro, a nossa vida nos pareça fugir por completo, criando-se situações de conflito, de inércia, de inadaptação ao ambiente, de medo, no fundo, de todo o tipo de instabilidade que irá colocar em causa as estruturas sociais e familiares em que nos encaixamos e a segurança que construímos. Trata-se de estimular em nós a entrega e a fé no processo que se irá realizar e isso só pode acontecer se nos encontrarmos sobre uma fina corda, em equilíbrio precário, inseguros sobre o passo seguinte, pois é exatamente a partir dessa insegurança e dessa incerteza que a nossa entrega será testada.

Toda essa desestruturação, no entanto, tem uma função específica: a busca de uma outra solidez. De uma solidez interna baseada na certeza profunda de que nada está fora da sua realidade potencial, na qual os fatores externos são um mero jogo do drama tridimensional, devendo ser vividos, por mais difíceis que pareçam ser, com um sorriso expressivo e uma alegria profunda, pois é a nossa missão maior – a de transubstanciar a matéria universal – que está a ser cumprida.

Sermos confrontados com as dores dos nossos corpos significa que ali, naquele momento, essas dores e as forças que estão por trás destas pedem, clamam, aspiram ao Fogo Profundo da nossa Identidade Maior para que este as ilumine, as abençoe, as eleve a um plano mais alto do Universo Vertical. Se nos identificarmos com essas forças, quebramos o circuito, estagnando todo um processo ao qual estamos ligados e do qual somos um elemento fundamental na resolução do problema Divino: o retorno da substância universal, depois de devidamente sintetizada, ao Centro que lhe deu expressão.

Um retiro ou a permanência numa área de contato interdimensional, é uma oportunidade única de limpeza cármica, não apenas do carma humano, mas também do carma planetário, pois todos nós nos autopropusemos a descer aos universos temporais para sintetizar a substância em ascensão. Tudo é, por isso mesmo, uma decorrência natural da arquitetura Interna de um programa que o Divino estabeleceu para este universo. Tudo é como sempre foi projetado. Tudo está no ponto de realidade temporal exato, mesmo que possa parecer, aos nossos olhos tridimensionais, defasado com o Plano Divino. Nada é fora desse Plano.

Ter consciência disso, em cada momento de nossa expressão tridimensional, é permitir, em definitivo, a ancoragem no nosso corpo da PAZ Universal.

Transcendendo o espaço e o tempo

Como seres encarnados numa dimensão espaço-temporal – submersos na luminosidade doce desse manto materno que nos acolheu desde que deixamos os patamares superiores da existência infinita –, encontramo-nos, tantas vezes, presos nas teias desse jogo tridimensional em que a memória nos escraviza nas imagens por ela retidas e cristalizadas no medo e na incerteza de sermos confrontados com essa Identidade de Fogo que nos habita e que vê para além das máscaras e para além do tempo.

Perceber que este planeta está em constante mutação, que toda a imagem retida nada mais é que um fardo que, somado a tantos outros, apenas nos traz o conforto daquilo que já foi observado, daquilo que já foi vivido e experimentado, estagnando o nosso processo na inércia daí resultante, é o primeiro passo para que possamos viver no presente e aí, verdadeiramente, como um agente alquímico, mexer com a matéria que nos compete trabalhar.

É muito importante não ficarmos presos no tempo, escravos desses momentos passados que não podem mais ser vividos. É o presente e aquilo que acontece em cada instante que nos permitirá manifestar o que verdadeiramente Somos. É uma lição muito simples essa, a de colocar a nossa consciência naquilo que está a acontecer em cada momento e não nas memórias daquilo que foi ou que poderia ter sido, pois isso são ilusões que apenas trazem estagnação.

A vida está Aqui, onde sempre esteve, é aí que podemos interagir com o mundo, colocando em cada pensamento, em cada sentimento e em cada ação o melhor de nós. É aqui que tudo verdadeiramente acontece: o único ponto dentro deste universo horizontal onde a ilusão não se encontra presente e onde as fragrâncias dessa realidade Edénica Superior podem ser sentidas como recordação vertical e direta da nossa verdadeira identidade.

Saber viver o momento presente com qualidade e com consciência é a melhor terapia para superar todos os apegos. Que saibamos, pois, manifestar o melhor de nós nas coisas mais simples, colocando a nossa atenção e o nosso amor naquilo que surge a cada instante, sem nos deixarmos levar pelas memórias do passado ou pelas projeções que tantas vezes fazemos sobre o futuro. O passado e o futuro não existem, ainda, como realidade ao nosso alcance, pois é apenas no presente, enquanto seres encarnados, que poderemos manifestar o propósito de uma existência que transcende o próprio tempo. É aqui, nessa ampola de realidade estável e supratemporal, pois no presente não existe o passado nem o futuro – ele é o que sempre foi – que a verdadeira alquimia da matéria pode acontecer, cumprindo-se este Universo.

Assim sendo, que vivamos esse presente com o melhor de nós, certos de que o lugar onde nos encontramos e a experiência onde nos percebemos é exatamente o lugar onde temos que estar e a experiência que temos que viver. Deixemos, pois, que a PAZ se instale em nós na continuidade desse fio de Vida que somos em essência. Na verdade, nós não estamos vivos como tantas vezes julgamos, nós Somos a VIDA. Nós somos essa Vida que desabrocha em cada recanto deste planeta e deste universo. Somos o próprio Divino encarnando o tempo e o espaço.

Busquemos, por isso mesmo, colocar essa Vida, esse Amor e essa Luz em cada gesto cotidiano, por mais simples que este seja, sem olhar para o passado ou para o futuro. Concentremos a nossa atenção e a nossa consciência no presente, pois é exatamente na medida e no grau em que o conseguirmos fazer, que a Lei do Carma será desativada em nós e a Função Cósmica que somos em essência, revelada dentro do plano que nos compete manifestar.

Que vivamos, pois, essa consciência-do-momento-presente como um ato de devoção e entrega ao Único Ser, deixando que o fluir natural da VIDA, que somos nós próprios, nos conduza de volta ao propósito que nos trouxe até este Universo temporal.

Novos trajes

Certa vez numa aldeia, vivia alguém em conflito com a vida que levava. A razão desse conflito vinha do cheiro que ele sentia em todos os lugares onde se encontrava. Um cheiro entranhado em tudo, que o deixava agoniado, provocando todo tipo de mal-estar. Para ele, esse cheiro era o resultado da decadência de todo o sistema em que ele vivia: um trabalho vazio e sem sentido, uma vida familiar em que o conflito e a indiferença tinham se instalado e um mundo violento em que o ódio e a violência eram regra e não a exceção.

Resolveu então deixar o emprego e a família, quebrar com aquela vida que alimentava esse cheiro e partir em busca de outros aromas. Encontrou uma nova companheira e um novo emprego, mas o cheiro permanecia, impregnando o trabalho e a casa onde morava. Não conseguia encontrar a paz, apenas aquele cheiro que tanto o agoniava.

Acabou por deixar a nova companheira e o novo emprego, entrando numa ordem monástica de silêncio total. Certamente ali, longe desse mundo que tudo impregnava com aquele cheiro agoniante, outros aromas ele iria encontrar. Mas, para seu desespero, aquele mesmo cheiro permanecia. "Até aqui, neste lugar, a corrupção do mundo chegou, poluindo tudo", pensava consigo mesmo.

E também aquele mosteiro ele deixou compreendendo nas muitas reflexões de si para consigo mesmo, que só uma vida eremítica o poderia levar a encontrar esses outros aromas. E assim partiu para o topo de um monte onde passou a viver sozinho. Estava agora longe da civilização e daquele cheiro que ele tanto detestava.

Mas, certo dia, enquanto meditava olhando o horizonte distante, esse mesmo cheiro se fez presente. Ele, indignado, levantou-se e olhou em volta, dizendo: "Quem está aí? Porque trazem para cá o lixo do vosso mundo? Levem esse cheiro convosco e deixem-me em paz", Mas, para sua surpresa, não havia ninguém. Ele continuava sozinho. "Como podia ser, se estava sentindo aquele cheiro?" pensou.

E foi então que as lágrimas escorreram pelo seu rosto e ele finalmente compreendeu. O cheiro vinha dos seus trajes velhos, daquelas roupas sem cor que vestia, e não do mundo ou das outras pessoas. E compreendido isto, esses mesmos trajes passaram por uma transformação. As cores ganharam vida e o cheiro que atormentara parte da sua vida foi substituído por uma suave fragrância e um doce aroma.

Partiu então de volta ao mosteiro. Agora poderia ficar em paz junto dos seus irmãos, pois o cheiro tinha desaparecido. E ali ficou por algum tempo, mas logo percebeu que, se o aroma doce e a fragrância suave vinham das suas vestes, onde quer que ele estivesse esse aroma o acompanharia. Até no lugar mais nauseabundo este se faria presente e nada mais o poderia agoniar.

Lembrou-se então da sua primeira companheira. Agora poderia ter uma vida feliz, pensou.

E assim regressou para a sua vida de então. A companheira aceitou-o de volta e o patrão devolveu-lhe o emprego. Em todo o lugar onde ele se encontrava, apenas aquela suave fragrância se fazia sentir. Estava finalmente em paz. O mundo continuava o mesmo, mas ele era agora diferente.

No entanto, em casa, sempre que regressava do trabalho, a sua companheira confrontava-o, acusando-o pelo cheiro que ela sentia. Compreendeu então que ela falava dela própria, do cheiro que as suas roupas exalavam. Nesse momento não sentiu mais raiva, ódio, nem houve nele resposta alguma à confrontação que recebia, como acontecia noutros tempos, mas apenas compaixão. Nada poderia fazer por ela, pois apenas ela poderia um dia compreender a origem daquele cheiro que tanto a incomodava. E assim deixou, uma vez mais, aquela aldeia e aquele contexto, partindo rumo a um novo destino.

Da primeira vez que partira, ele tinha fugido, e nessa fuga transportara por todos os lugares por onde passara aquilo que tanto o incomodava.

Da segunda vez ele libertou-se e, com essa libertação, pôde finalmente encontrar o verdadeiro rumo para a sua existência.

E desta vez não se isolou mais em nenhum mosteiro nem no topo de uma montanha qualquer, mas partiu pelo mundo, pois por onde quer que ele passasse apenas aquele aroma se faria sentir.

Nada mais o poderia perturbar. Estava finalmente em PAZ.

Em busca da coerência

No passado, os grupos emergentes lapidavam as muitas arestas existentes, pelo confronto direto dos seus defeitos, pelo apontar dos erros observados nos outros de forma a buscar uma base comum de equilíbrio e harmonia. Este era um processo desgastante devido ao atrito gerado e ao fato de se abrir uma porta para que forças negativas pudessem interferir no avivar de reações do ego que, ao contrário da harmonia buscada, só trazia o atrito resultante do estimular dos fogos fricativos. Em última análise, se a base interna fosse sólida, até se poderia chegar à harmonia desejada, no entanto, à custa de muito desgaste.

Nos tempos de hoje, a proposta é diferente. Não se trata mais de apontar nos outros o que está errado, mas implementar a atitude contrária a esses erros. Será pelo exemplo de quem percebeu o erro e em silêncio tentou corrigi-lo que os outros irão, eles próprios e no seu devido tempo, compreender esse mesmo erro e harmonizar-se com a nota que passaremos a emitir através do exemplo de quem, sem criticar ou apontar o defeito de uma forma externa, o fez internamente pelo exemplo manifestado.

Isso me faz lembrar um episódio ocorrido durante uma refeição em grupo, em que uma das pessoas, depois de terminar de comer, deixou o seu prato na pia sem o lavar como era devido. A pessoa responsável não lhe chamou a atenção, lavando o prato que esta tinha deixado, enquanto a outra a observava à distância. Este gesto por si só teve um poder transformador na outra pessoa, muito superior a qualquer admoestação, e nunca mais esta deixou de lavar seus pratos.

Esta nova forma de proceder elimina à partida toda e qualquer interferência externa, já que o processo acontece ocultamente nos planos internos e não externamente, a partir de estruturas mentais tantas vezes contaminadas por interferências do ego, muitas delas travestidas em formas bastante sutis.

Devemos, desse modo, buscar a Sintonia Interna, de forma que o reparo ao erro observado aconteça silenciosamente, em níveis para além da mente, pois será nesse silêncio que esse reparo terá verdadeira força, evitando que o ego, tendo como suporte estruturas mentais corrompidas pelo jogo civilizacional, possa interferir, gerando o conflito e o atrito que as forças contrárias ao processo evolutivo buscam de forma a desestabilizar todo o processo.

Que procuremos, pois, a serenidade em nós. Que busquemos a Paz diante daquilo que não nos parece correto. Que sejamos coerentes com os princípios que dizemos seguir e, no silêncio, apliquemos em nós esses mesmos princípios, de forma a espelharmos internamente a nota a ser manifestada. Todo o resto se harmonizará por si só.

Deixemos, por isso mesmo, que a nossa Voz Profunda, através da ação consciente, comunique aos outros o que é certo e errado e não a nossa mente e as forças que atuam através desta.

Ascensão

Um novo olhar é necessário sobre este tema. Uma nova compreensão necessita ancorar em nós de modo que possamos compreender a razão primeira e última do processo ascensional.

Na verdade, ninguém ascende. Essa é uma das muitas ilusões nas quais estamos mergulhados. E ninguém ascende porque já somos plenamente Divinos. Para onde queremos ascender, afinal? Nós já estamos, como Essência, no ponto mais elevado da estrutura deste Universo Vertical. Somos unos com o Absoluto. Somos o Divino dentro do tempo, cumprindo parte de uma tarefa que tem como função única a elevação da substância universal até o Centro Gerador que lhe deu expressão.

O processo de ascensão não diz respeito à nossa consciência profunda, e sim à substância que nos compete trabalhar em sucessivas etapas da existência temporal. É a Substância que ascende, não a Consciência.

Assim sendo, conceitos como "Mestre Ascenso", por exemplo, têm que ser completamente redefinidos. Na verdade, não existem Mestres Ascensos, e sim Mestres de substância ascendida. Foi a substância dos seus corpos, trabalhada em sucessivas etapas, que ascendeu a patamares superiores da manifestação Cósmica, e não a consciência profunda desses seres, pois se o foco está em cima e não embaixo, então não existe ascensão, mas o recolher da consciência ao centro de onde foi emanada.

O processo de ascensão planetário em curso está, por isso mesmo, relacionado com a substância do planeta Terra que irá subir uma dimensão. Todas as consciências encarnadas neste universo temporal têm como única função a elevação da substância, nos seus diferentes patamares, a um estado imaculado. Compete-lhes, por isso mesmo, trabalhar a substância do seu corpo para que um dia a possam entregar, devidamente refinada, nos braços doces do aspecto feminino do Universo. Também um Logos tem como função trabalhar a substância do seu corpo, seja este um planeta, uma estrela ou uma galáxia, e sintetizá-la em um ponto de Luz que será levado ao altar do Supremo Ser.

Essa é a razão primeira que fez com que o Divino se desdobrasse em infinitas consciências, prolongamentos da única Vida existente, permitindo, assim, que a substância deste Universo temporal pudesse ser reintegrada no Centro que lhe deu expressão.

A nossa consciência não ascende, apenas se recolhe ao Centro Maior de onde é uma emanação do infinito. E é exatamente a partir desse recolhimento que traz, consequentemente, a substância em ascensão.

Apenas o Reino Humano o pode fazer. Outros Reinos, como o Dévico e o Angélico, não têm essa função. Não lhes compete trabalhar a substância na síntese a ser realizada, mas ajudar nessa tarefa, fornecendo as ferramentas necessárias à conclusão da missão que nos trouxe do Universo Estacionário Superior, até um Universo Espaço-Temporal.

Quando encarnamos neste Universo, foi-nos passado para as mãos o barro em estado bruto e foi-nos dito: "Trabalhai-o com o Fogo do vosso Espírito". Em etapas sucessivas dessa Encarnação Maior, esse barro foi sendo moldado, ganhando forma e brilho. Um dia, dentro do processo linear-temporal, o barro será transformado em Luz e em Luz será devolvido ao Pai.

Essa é a razão de ser da nossa existência dentro deste Universo Temporal. Nada mais nos é pedido que a transubstanciação desse barro, cumprindo-se a nossa Tarefa Maior: o retorno da substância ao centro que lhe deu expressão.

Retorno ao centro

Quando pela primeira vez os nossos olhos se abriram e pudemos contemplar a expressividade do terceiro aspecto do Divino, quando os contornos exteriores desse rosto materno, num sorriso temporal, nos acolheram nos braços físicos do espaço tridimensional, deu-se o nosso verdadeiro parto.

Foi ali que, pela primeira vez, numa lufada de Vida inspirada num choro sacrifical, vimos, num relance atemporal, a razão dessa Encarnação Maior. Ali começou o vir-a-ser no tempo de uma tarefa que nos trouxe do Universo Estacionário Superior, onde éramos Um com Deus e, em Essência, ainda continuamos a ser, para os Universos espaço-temporais onde uma missão nos aguardava.

Através do manto temporal desse aspecto a que dão o nome de Mãe Divina, aquela que sustenta toda a criação, nascemos para uma dimensão em formação em que a substância busca o caminho de retorno Àquele que lhe deu expressão.

Nós somos esse caminho. Nós somos o veio de Luz Cósmica que possibilitará a reintegração da Substância Universal, depois de devidamente refinada pelo Fogo do nosso Espírito, até o trono do Supremo Ser. Compete-nos regressar a casa com uma síntese dessa experiência no tempo, após a única encarnação que verdadeiramente define a nossa existência dentro deste Universo.

Nascemos uma única vez, quando através desse manto temporal encarnamos as formas do Universo que nos acolheu. Morreremos uma única vez quando, após a síntese de todas as encarnações, deixarmos este Universo dimensional para retornar ao verdadeiro Centro de expressão da única Vida existente.

Somos nós que temos a missão de levar a Deus a síntese de toda a criação e, através dessa síntese, resgatar o elo perdido de uma identidade Divina que busca a Si mesma para que, numa oitava superior dentro do Universo Vertical, o próprio Divino possa se reencontrar Consigo e despertar como Avatar Maior, após a fusão dos doze universos, para uma realidade Suprauniversal.

Então, ocorrerá o Retorno ao Centro de toda a existência e o despertar de uma nova Identidade-Divina, tal como o Homem Cósmico que acorda após a fusão das doze mônadas no centro-regente, revelando-se este como Avatar.

Também Deus anseia por esse despertar, embora a uma escala Cósmica. Nós somos, por isso mesmo, os pontos de Luz dentro da Personalidade Universal que irão transubstanciar as formas por Deus encarnadas. Somos o Divino na Matéria em busca da Realização Maior; desse despertar de Deus numa oitava superior dentro do Suprauniverso do qual Ele é, ainda, uma Entidade em recolhimento na ascensão da supramatéria que lhe compete trabalhar.

Rumo ao sublime

Ao olhar Daquele que debruçado sobre o espaço-tempo espreita o desenrolar do drama humano em que nos encontramos, toda a forma de dualidade é inexistente. Ele vê a unidade de todas as coisas, Ele vê a completude de todos os caminhos, Ele vê a realização plena do tempo e do espaço nesse momento eterno que nunca deixou de ser a verdadeira e a única Realidade. Aí, nessas imensas varandas da Eternidade, de onde se observam as bolsas temporais, tudo é aquilo que sempre foi. Livre-arbítrio e destino são tão ilusórios quanto o bem e o mal, quanto o conceito de evolução. Tudo é inalterância.

Nós não existimos para evoluir, para ascender. Essa é mais uma das muitas ilusões nas quais nos encontramos mergulhados, já que fora do espaço e do tempo, onde a nossa verdadeira essência se "encontra", não existe evolução, mas apenas a Realidade. Nós somos como tochas sagradas que têm a função única de incendiar a substância universal pela força e pela intensidade do seu Fogo Cósmico. Essa é a razão primeira e última porque estamos aqui.

No entanto, enquanto mergulhados dentro da ilusão do tempo, é importante compreendermos as regras desse imenso jogo, dessa dança cósmica que a Mãe Divina tem consigo mesma, promovendo dentro do seio do seu manto temporal, a transubstanciação da sua própria natureza.

O bem e o mal, o livre-arbítrio e o destino, as forças evolutivas e involutivas são apenas protocolos que o universo estabeleceu consigo mesmo dentro desta realidade virtual a que chamamos tempo. São válidos, como tal, apenas no interior dessa mesma ilusão.

Compreendido isso, torna-se mais fácil perceber e enquadrar a existência temporal dentro dessas fronteiras, já que, embora existente numa realidade que não o é, fora dessa realidade tudo se esfuma na força da única Vida Existente.

Mergulhemos, pois, nessa bolsa temporal – uma germinação dentro da eternidade – para compreender as regras desse jogo dual entre evolução e involução, entre forças que transmitem o potencial futuro de uma existência que nunca deixou de ser aquilo que É e as forças que pretendem estagnar esse potencial nas memórias temporais do momento em que nada parecia Ser. Todas elas, no entanto, são partes importantes desse mesmo jogo, desse drama universal no qual somos peças fundamentais.

Ter isso presente, em nós, deverá nos trazer força para não nos deixarmos enredar nessas mesmas ilusões, alimentando esse potencial futuro que é o ponto do qual nunca verdadeiramente saímos: a Eternidade.

Assim sendo, assumindo a virtualidade desta existência como sendo real – já que, enquanto a nossa consciência se manifestar através dos veículos dessa mesma ilusão, as regras têm que ser compreendidas e assimiladas por nós – que entremos na dança cósmica que a Mãe nos propõe, percebendo os mecanismos que estão por trás dessa mesma dança e das pequenas ilusões dentro da ilusão maior que tantas vezes nos impedem de despertar para a nossa verdadeira condição.

A palavra-chave, para perceber o jogo da vida temporal e assim direcionar a nossa consciência para o foco interno dessa Luz Maior que nos habita, foi repetida há dois mil anos, de uma forma persistente, por um grande Mestre a quem deram o nome de Jesus. Nessa palavra encontramos a forma que nos permitirá manter viva, em nós, essa memória futura que sempre esteve presente e com isso aprender a decifrar muitas dessas ilusões com que tantas vezes nos deixamos enredar por não termos a coragem de nos reverenciar como divindades que somos. Essa palavra é: vigiai.

É importante ter consciência de que, ao longo dos séculos, as forças involutivas, partes importantes neste esquema universal que tem como função última a transubstanciação de toda a matéria, foram refinando os seus estratagemas de ação, de modo a retirar do caminho aqueles que já tinham, em si, o potencial de luz capaz de os resgatar deste plano dimensional em que os seus corpos ainda estão mergulhados. Hoje, de uma forma perspicaz, inteligente e ordenada, essas forças mostram-se aos homens com vestes de cordeiro e não mais no rosto descoberto do lobo que no passado, de uma forma precipitada e por vezes impulsiva, acabava por denunciar as suas ações pela brutalidade com que se apresentava, facilitando, àqueles que já tinham o discernimento mais ou menos trabalhado, a denúncia dessas forças.

Mas se o universo é evolução dentro da ilusão do tempo, ele é evolução nos dois sentidos e, por isso mesmo, essas forças também evoluíram dentro da arquitetura interna do espaço que o universo lhes concedeu, refinando as suas estratégias e aprendendo com seus erros. Hoje, elas não se apresentam mais de rosto descoberto, como o faziam no passado, mas em vestes de luz, sob a capa de anjos e mestres; proferindo palavras capazes de iludir mesmo aqueles que já estão no caminho.

Antigamente, perante um impulso na direção da luz, perante uma vontade interna de caminhar rumo a Deus, essas forças tudo faziam para impedir que concretizássemos essa mesma Vontade, de modo que o passo não fosse dado. Hoje, pelo contrário, elas tudo facilitam para criar em nós a ilusão de que concretizamos essa mesma Vontade, apresentando-se com as mais belas cores, revestindo-se com tudo aquilo que nos fascina; alimentando todos os desejos e fragilidades do nosso corpo e assim afastando-nos, de uma forma doce, suave e bela, do verdadeiro caminho espiritual. Ou seja, ficamos com o deslumbre do poema e com o êxtase da aparente espiritualidade e perdemos a essência do propósito.

Hoje elas estão por todo lado, disfarçadas das mais variadas formas. Minam a consciência dos homens, não apenas nos pontos relacionados com o materialismo deste mundo, fomentando o egoísmo, a intolerância, o fanatismo, o ódio... Mas principalmente nos pontos relacionados com a espiritualidade do homem em que elas assumem novas funções, não mais de uma forma violenta, como na Idade Média, por exemplo, quando a inquisição era um dos seus produtos, mas nas formas doces, belas, fascinantes e coloridas da pseudoespiritualidade com a qual nos desviam dos trilhos do nosso destino.

Muitas das práticas que se intitulam espirituais são um dos seus campos de ação mais intensos, pois é exatamente no astralismo que tantas vezes predomina em toda essa panóplia de possibilidades, que elas nos mantêm adormecidos no fascínio que essas cores intensas, que esses perfumes diversos, que essas formas estagnadas pela inércia de quem se acomodou àquilo que é belo e bonito e aí se instalou no conforto de ter o seu corpo e o seu ego saciado, nos provocam, alimentando a dormência que nos afastará por completo do nosso verdadeiro caminho espiritual.

É importante compreender que o astralismo é contrário à via espiritual; essa é a nossa fraqueza, pois na ânsia de tudo querer saber – na curiosidade de um aspirante que busca saciar a sua sede em todas as fontes sem compreender que a única fonte verdadeira está dentro de si – abrimos brechas enormes nas nossas muralhas por onde essas forças penetram, desviando-nos por completo do verdadeiro caminho que temos que trilhar. É através do alimentar contínuo dos nossos desejos, das nossas carências, que essas forças nos envolvem numa encenação cuidada e, por vezes, grandiosa no brilho incandescente com que nos iludem, acabando por nos condenar a um estado de estagnação e de inércia que tantas vezes caracteriza aquilo que chamamos de espiritualidade.

Estes não são tempos para ficarmos fascinados com as cores do mundo, sejam essas materiais ou espirituais. Estes não são tempos para nos depararmos diante do bonito, do fantástico, do ótimo, mas de caminhar Rumo ao Sublime, àquilo que está para além de todas as formas, mesmo as mais espiritualizadas. Estes são tempos de contato com o Fogo Interno e não com as mil e uma cores que essas forças instalaram à nossa volta para impedir que possamos contatar a verdadeira Luz que nos habita.

A palavra é, por isso mesmo: vigiai; estar atento aos sinais profundos que vêm de dentro do nosso Ser Interno. É na PAZ que emana do centro do nosso coração que saberemos qual o caminho a seguir. É nessa Voz Profunda, nesse imenso Sim que o Universo deixa, que saberemos quais são os trilhos certos do nosso destino. Nada mais importa. Nada mais nos poderá condicionar nessa caminhada. Nada que venha de fora deverá abalar essa certeza profunda que emana do centro do nosso coração.

Cuidado, pois, com as projeções exteriores que geralmente são alimentadas por carências do nosso corpo e potencializadas por essas forças que tudo farão para inflamar essas mesmas carências. Cuidado com os bonitos cenários de luz que nos são apresentados sobre a forma de vestes espirituais. Cuidado com as supostas palavras de seres iluminados e com a aparente sabedoria dessas palavras que escondem, por trás dos seus adornos requintados, frutos bastante amargos.

Que possamos seguir o farol interno dessa PAZ Profunda que habita o nosso coração. Esse é o único caminho. As forças involutivas podem nos iludir no plano físico, materializando-se sob a capa de mestres conhecidos; podem nos iludir no plano emocional, pegando nossas carências e transformando-as em supostas virtudes espirituais para que o orgulho e a vaidade nos mantenham presos às coisas deste mundo; podem nos iludir no plano mental com palavras doces, aparentemente sábias e repletas de luz, conduzindo-nos, sem que por vezes nos apercebamos disso, para o caminho oposto àquele que julgamos estar trilhando.

Esses três níveis são o seu território de ação, em que elas têm toda a sua força concentrada e toda a sua estrutura montada para nos afastar do caminho que o nosso Ser Interno nos pretende mostrar. No entanto, elas não podem ir mais além, não podem penetrar no nosso coração profundo e, por isso mesmo, não poderão nunca simular em nós a PAZ que esse mesmo coração irradia desde o centro do nosso Ser.

É essa PAZ que nos deverá guiar pelo mar de ilusões em que esta civilização se transformou. É essa PAZ que deveremos ouvir como a única Voz capaz de nos conduzir à meta por nós determinada antes mesmo de termos encarnado. É essa PAZ que define o caminho que temos que trilhar e que cria o cordão de Luz que nos ligará à Essência Cósmica que nos habita desde sempre e com a qual nos fundiremos num despertar há muito aguardado.

Nada mais deveremos ouvir senão essa PAZ Profunda.

Ela é o nosso único farol enquanto estivermos mergulhados dentro da ilusão do tempo, ela é a Voz silenciosa que vem da eternidade para mostrar o caminho de retorno ao lugar que nunca deixamos, reforçando em nós os laços com a única Realidade existente: aquela que se encontra para além do limiar deste Universo temporal e das muitas ilusões que lhe dão expressão.

Trajes de palha, coração de ouro

Um coração de ouro só pode reluzir na simplicidade da palha, material que revestia o berço do menino. É também essa a imagem e a visão daquilo em que todos nós nos devemos transformar.

Na história do passado daquele a quem deram o nome de Jesus, está a codificação interna para os tempos de hoje. Não se trata, por isso mesmo, apenas de um relato histórico, mas da matriz programática para a atual dispensação planetária.

Na multidimensionalidade da expressão do Verbo, esse relato codifica em si mesmo tudo aquilo que estamos a viver individual e coletivamente neste período da história do planeta, e não apenas os fatos históricos da vida de Jesus e do contexto em que esses se desenrolaram.

Um desses códigos-programa está no Batismo de Jesus. Depois das várias tribulações passadas no deserto, das tentações, do desespero, da solidão, da ausência de propósito aparente, Jesus deixou as areias vazias e despidas de vida, nas quais jejuara após receber o batismo, lançando-se na sua missão. Foi João Batista que preparou o caminho, antecipando a vinda daquele que iria assumir a tarefa planetária de resgate de toda uma programação. Mas para que Jesus crescesse, João teria que diminuir, pois a função que lhe cabia era apenas de preparação e não de execução.

Uma das faces da matriz-programa que esse acontecimento histórico pretende expressar é referente às duas levas de seres que atualmente cumprem esse mesmo programa. João Batista simboliza os seres que eu chamo de Primeira Leva, aqueles que despertaram primeiro para a programação Hierárquica e que tiveram a função de preparar o caminho para os seres da Segunda Leva, simbolizados por Jesus, que irão, finalmente, implementar na matéria o programa estabelecido para este planeta.

A ativação da Primeira Leva ocorreu entre 1988 e 1992. Com essa ativação todo um vetor de trabalho pôde ser estabilizado neste plano dimensional e com ele a preparação daquilo que viria a acontecer apenas mais tarde. Com esse impulso, muitos livros foram escritos, muitas palestras realizadas, em alguns casos, em que a conexão vertical com a Hierarquia era mais acentuada, centros espirituais chegaram a ser criados. Pela palavra falada e escrita, toda uma nova informação foi veiculada instruindo e ajudando no despertar da Segunda Leva, contudo, nada de verdadeiramente importante foi realizado no mundo, da mesma forma que a missão de João Batista nenhum efeito teve na sociedade de então. Apenas Jesus operou essa transformação.

Esse impulso inicial que levou à ativação da Primeira Leva foi como uma explosão nuclear cujos efeitos se propagaram pelo tempo, mas que foi diminuindo lentamente, pois não era a função desta a de executar o propósito, mas apenas de preparar o caminho.

Muitos desses seres, por não se encontrarem perfeitamente alinhados com a programação nem o seu corpo expressar integralmente a nota superior, acabaram por desvirtuar esse trabalho inicial ao tentar representar Jesus sem a morte de Batista. Durante anos, viveram no rastro dessa explosão de luz e não no seu núcleo central que os alimentou e orientou quando do seu despertar. Hoje, os livros que retomam esse fato são a repetição de tudo aquilo que já escreveram; as palestras que dão, a repetição de tudo aquilo que já falaram; os centros espirituais, muitos deles, a repetição das práticas já vividas num acomodamento que impedirá que o Novo possa despertar. Para todos eles, apenas a morte e o renascimento poderá relançá-los nos caminhos do Serviço. Essa é a grande prova dos Batistas: saber diminuir, saber abdicar do poder que conquistaram para que o Novo possa despertar neles.

No entanto, nem todos se perderam nos caminhos sinuosos do ego. Muitos seres da Primeira Leva souberam vencer essa prova e diminuir perante a presença do Filho. Esse diminuir, contudo, não era deixar de atuar e de agir, embora para alguns estivesse destinada a reclusão total no deserto de onde Jesus saiu para cumprir a sua missão. Para a maioria, a prova era simplesmente morrer para João e despertar para Jesus, deixando que Cristo atuasse através de si. Isso implicaria abdicar de tudo aquilo que fora construído até então e renascer, literalmente, das cinzas do ego espiritualizado.

Ao contrário da Primeira Leva que desde 1988 vem assumindo a sua tarefa, a Segunda Leva tem vindo ao longo desses anos num lento despertar que a levou até o deserto. Ali, perdidos nessa imensidão de areia existencial, julgados abandonados por Deus e sem um rumo definido, sonharam com realizações e construções, com tarefas e missões. Muitos não conseguiram contornar a inveja pelo sucesso dos da Primeira Leva e por tudo aquilo que estes fizeram, desejando, eles mesmos, uma cobiça tantas vezes insaciável, esse mesmo reconhecimento. No entanto, para seu tormento, nada de concreto realmente aconteceu nesse período, levando-os ao quase desespero. Olham para a sua vida e veem um imenso vazio, submersos que estão na dor e na desilusão a respeito dos caminhos do mundo e dos seus próprios caminhos. Ocultamente, contudo, esse vazio e essa dor foram trabalhando-os, preparando-os secretamente para o serviço.

A grande prova da Segunda Leva está na fé, na capacidade de persistir apesar de todos os obstáculos encontrados, acreditando que mesmo na aridez do deserto mais inóspito um oásis de abundância pode despontar. Todas essas dificuldades têm como base selos programáticos de conexão direta com a consciência do Cristo, pois apenas a Segunda Leva será crucificada no carma planetário que lhe compete resgatar. Uma vez mais se repete a matriz Jesus que, ao contrário da matriz Batista, é a única com a tarefa de resgatar esse mesmo carma e implementar as sementes de uma Nova Terra.

Estes são os tempos em que os da Segunda Leva irão, finalmente, deixar o deserto para cumprir sua missão. Tempos em que o Cristo despertará no centro cardíaco de milhares de seres. São os tempos em que os da Primeira Leva terão que diminuir, como fez o Baptista, pois este não é mais um ciclo de preparação, mas de execução.

Contudo, esta matriz programática tem, também, uma face interior e individual no seu simbolismo, pois em todos nós existe um Batista e um Jesus, e este último deverá reinar sobre o primeiro.

Diminuir o Batista em nós é silenciar o lado mental, embora muitas vezes bem-intencionado, do nosso ser; aquele que instruiu pela palavra articulada e racional, que acumulou conhecimentos espirituais e que desenvolveu práticas e movimentos. Quando o Baptista diminuir, o coração passará a reinar.

Deixamos, então, a palavra inflamada de João ante a população num qualquer deserto da Palestina, pregando, por vezes violentamente, contra as injustiças da civilização, para assumirmos e expressarmos a palavra doce e leve de Jesus no monte das boas aventuranças que penetra diretamente no ser e que nada julga ou critica. Não é mais a instrução o ponto central do processo, mas a radiação desse amor que tudo penetra.

Ter a coragem de passar por essa morte – de reconhecer Jesus nas águas do Jordão e neste aquele que veio para reinar –, é despojarmo-nos do poder e da vaidade, do orgulho e da soberba e saber verdadeiramente diminuir perante a presença do Filho em nós e a ele conceder o batismo, ou seja, abrir a porta e deixá-lo entrar.

João Baptista não é a imagem do ego comum, essa seria a de Herodes Antipas que lhe mandou cortar a cabeça, e sim a do ego espiritualizado, muito mais poderoso que este último. O batismo de Jesus por João é a entrega simbólica de tudo aquilo que fomos até então. Na verdade, eles representam uma mesma pessoa.

Com esse batismo, iniciamos a caminhada pelos trilhos da humildade, reconhecendo que o verdadeiro Serviço não tem como base tudo aquilo que acumulamos até então ou que idealizamos, por mais espiritualizado que tenha sido, e sim a entrega de tudo isso Àquele que veio para ser batizado por nós. Há que ter a coragem de dar esse passo e depois diminuir para Ele poder atuar.

Se o Batista não morrer em nós, nada poderemos realmente concretizar nesta vida que seja um reflexo de um propósito maior, pois estaremos tentando representar um papel que não nos está destinado como não estava destinado a João ser crucificado como Jesus o foi. Acabaremos sem cabeça, subjugados aos poderes da civilização. É verdadeiramente um passo de humildade o que nos é pedido.

"Trajes de palha, coração de ouro" é o título deste texto e a chave para os tempos de hoje. Que não queiramos trajar de ouro, pois apenas nos restará um coração de palha que nada de verdadeiramente importante terá para doar ao mundo, embora muito possa realizar e construir dentro da esfera humana.

Na senda do discípulo

A senda do discípulo, como vem sendo referido ao longo dos tempos em toda a tradição esotérica que vem desde Blavatsky, sempre foi um trilho estreito. Um trilho de muitas provações em que esse mesmo discípulo era testado na sua fé, na sua entrega e na sua aspiração, até se encontrar com o Mestre e neste se integrar. A estadia no deserto não é apenas uma metáfora bíblica, na qual Jesus foi tentado nos seus próprios desejos até se limpar de todos eles e assumir a tarefa que lhe correspondia, mas uma realidade interna em todos nós. Estar nesse deserto é estar na solidão de uma dor ancestral que transportamos de muitas encarnações e que precisa de ser curada. Mas este é um processo solitário, por mais que sejamos acompanhados de outros planos.

Certamente não é fácil para o discípulo, aquele que aspira a ser um servidor do plano evolutivo, confrontar-se com os relatos de abundantes e luxuriantes oásis de Paz, quando à sua volta apenas as areias quentes do deserto, a secura da paisagem e o desconforto de uma caminhada sem aparente rumo se apresentam.

Mas essa é a nossa prova. Saber acreditar que pela persistência dos nossos passos, por mais que estes se enterrem nessas areias quentes, os oásis acabarão por se apresentar diante de nós, é a chave para que possamos transmutar toda essa carga ancestral que transportamos. Que olhemos para nós próprios com compaixão e percebamos o quanto já foi transformado. Será que somos hoje os mesmos de há um, dois, cinco anos atrás? Apesar de todas as dificuldades, e devido a essas mesmas dificuldades, quantas não foram as transformações? Existe hoje uma maturidade que não tínhamos e uma consciência da realidade bem mais ampla, apesar de tudo.

Quando entramos nesse deserto íamos cheios de expectativas. Diziam-nos que do outro lado encontraríamos a PAZ. E então, no entusiasmo que isso nos trouxe, lá carregamos a mochila e preparamos as inúmeras refeições para a travessia, as várias vasilhas de água, e mais aquele livro, e mais uma bússola para não nos perdermos, e mais isto e aquilo. Fomos para lá carregados com toda a tralha civilizacional.

É claro que à medida que caminhávamos tudo isso foi pesando. Líamos o livro que falava de PAZ, mas os nossos pés pelavam com o calor da areia, sangrando. E isso ia nos deixando confusos. Seria uma ilusão? Teríamos sido enganados por aqueles que diziam que do outro lado do deserto estava a PAZ?

Pelo trajeto, fomos nos esquecendo de todas essas coisas. Não era mais importante a busca do oásis, mas procurar algum conforto nessa caminhada, vivendo aquele momento específico e não o que o horizonte nos reservava. E então numa dessas noites frias, pegamos no livro que falava de Paz e rasgamos as suas páginas para acender uma fogueira que nos aquecesse. Nunca aquele livro tinha servido tão bem! Foi certamente uma das melhores noites no deserto pelo conforto das chamas e o calor das brasas. E assim fomos nos despindo dessa tralha. A mochila foi-se esvaziando até que nos esquecemos da caminhada e nos concentramos apenas no passo seguinte a ser dado. Ficar preso na ideia desse oásis de Paz que fica lá longe é certamente um dos maiores obstáculos para que essa Paz se faça presente.

Só quando o nosso ego estiver totalmente despido nesse deserto é que o oásis despontará, não no horizonte – pois os oásis que aparecem no horizonte podem muito bem ser belas miragens –, mas no centro do nosso coração.

Ali, no meio desse deserto, completamente nus, sem bagagem, sem comida, sem água, sem livros e bússolas, um oásis de Paz se fará presente e, por dentro, começará a transformar esse mesmo deserto. À nossa volta, onde até então apenas existia areia, começará a nascer vegetação, um regato de água cristalina brotará do chão e rasgará a paisagem, por todo o lado os lírios despertarão de um longo sono. Tudo se transformará nessa PAZ em tempos procurada e depois esquecida e negada.

Nada foi encontrado.

A PAZ não se busca; é ela que nos encontra quando estivermos receptivos e prontos para a receber. Por isso não há técnicas para serem ensinadas, mas apenas a certeza profunda, inequívoca, que no fundo do nosso coração reside essa semente que aguarda o momento certo para despontar. E como toda semente, também esta necessita que o terreno seja limpo e preparado para essa abundante colheita que nos consagrará como seres Divinos que somos.

A chave está na Fé, que é essa certeza absoluta que tudo está no seu ponto de realidade exato, e que no momento certo tudo se consumará de acordo com uma Vontade Maior. Na Entrega, o que significa colocar tudo nas mãos dessa vontade e aceitar as provações e as dificuldades com Alegria, pois é o terreno que está a ser preparado para o despontar dessa semente. Na Aspiração que, ao contrário do desejo pelo qual se busca algo para nós, busca a doação incondicional ao Divino. Eu aspiro a uma condição porque me dou integralmente a essa condição e não porque a desejo para mim.

E quando esse deserto se transformar num oásis, porque do nosso coração jorrou a VIDA e a PAZ, o discípulo deixará de o ser e com a sua radiação atrairá muitos outros nessa mesma caminhada para uma cura profunda e libertadora. Ele é agora o outro lado do deserto para aqueles que iniciam a sua caminhada, não para que seja encontrado por estes, mas para que a estes, de forma silenciosa, impessoal e compassiva, possam doar a Paz que em si despertou para que, em cada um, a sua própria Paz se manifeste.

Não existem, por isso mesmo, técnicas ou fórmulas que se possam ensinar, mas apenas a Vontade de que assim seja, porque assim é.

Soltando a dor

Este vazio que nos toca sempre que a Alma se apresenta diante das dores, sorrindo-nos como que percebendo a ação benigna desse grande alquimista que tudo transforma, é a maior graça que um ser pode receber, pois está ali a Cura de toda a sua ancestralidade e o resgate final que o consagrará no altar do Amor.

Tantas vezes fugimos desse vazio, tentando preenchê-lo com tudo aquilo que encontramos à nossa volta e, com isso, anestesiamos essa dor que não deve ser ignorada, mas sentida em toda a sua presença, respeitada no seu espaço e no seu tempo, para que dali possam brotar os novos frutos.

A dor, esse alquimista profundamente sagrado, presença constante em tantas encarnações – acumulada nas memórias que a Alma foi registando em suas múltiplas experiências –, pede apenas que tenhamos a coragem de a olhar nos olhos, num olhar compassivo e amoroso, para que, nesse amor, ela possa expressar tudo num último grito, e libertar-se de um cárcere tão antigo.

E, então, o nosso verdadeiro resgate acontecerá quando do pó dos ciclos essa dor antiga se elevar louvando aquele olhar que a aceitou, que chorou a seu lado e que, num último abraço, a soltou, soltando-se.

O arqueiro Zen

No silêncio do ser, na expressão terna desse momento que tudo pacifica quando aprendemos a não resistir à Vida, mas, através desta, fluir com o tempo e com o espaço, deixando que seja Ela a viver em nós, tudo regressa à nota primordial da nossa encarnação, e não mais será necessário lutar, impor, procurar, pois ali, no momento presente em que nada falta, o Universo fará tudo para nos nutrir com a sua manifestação de Abundância, Harmonia e PAZ.

Tal como o arqueiro Zen que, no esticar do arco, sem forçar os seus músculos, mantém essa tensão até que algo dispare a flecha sem que este se preocupe com o alvo nem com o tempo certo de soltar a corda, pois é a Vida que conduzirá essa seta aonde ela tiver que chegar e que determinará o momento exato de isso acontecer, também nós teremos que chegar um dia a esse momento de silenciar toda a nossa expressão, vivendo tudo sem tensão, sem um alvo e sem um tempo determinado por nós, e aí a Alma, liberta do ruído e da vontade do corpo, se manifestará com toda a sua potência e nos consagrará a essa Vida que somos em essência e que aguarda, da nossa parte, a entrega e a rendição integral ao Pai.

Quando o tiro do arco é disparado com o Coração, a realização da Vontade Maior se tornará plena naquele momento que ecoará pela eternidade, mesmo que a seta fique no meio do caminho, pois nos gestos do arqueiro, na postura e no soltar da flecha em sintonia com a Vida algo de profundamente curador acontecerá, tanto para o arqueiro quanto para quem o observa.

Saber reverenciar esse tiro, mesmo que o alvo não seja atingido, pois este na verdade é interno e não externo, é perceber que tudo se manifesta como realidade apenas dentro de nós, e é a partir dessa constatação que a nossa vida mudará radicalmente e passaremos a ser instrumentos do Plano Evolutivo como expressão do verdadeiro Serviço.

Temos apenas como realização do Serviço o coração. Sem a abertura desse portal, o único que nos compete abrir, pois os outros são assunto da Hierarquia, nada poderemos realizar que seja a expressão real da Vida que pulsa dentro de nós e que aguarda da nossa parte um profundo e sincero SIM, para que se manifeste plenamente num mundo tão carente de Amor. Sem essa abertura, sem esse pulsar que vem do centro da nossa Alma, nada poderemos fazer que seja verdadeiramente real, mesmo que muito possamos construir dentro do mundo formal, pois essa realização não terá sido ungida e consagrada pela VIDA.

Respirar os aromas dessa Vida nesse fluir tépido que tudo silencia, deixando que esta nos conduza tal como folha solta na corrente de um rio, é largar a espada, despir a armadura, e nus de tudo o que é civilizacional dizer: "Pai, seja feita a tua Vontade, pois nada se sustém para além desta".

Nós nos tornaremos, então, seres em plena sintonia com o Pai, entregues nos braços da Mãe Divina e a Esta consagrados pelo Amor do Filho que pulsará através de cada átomo do nosso corpo. E então deixaremos de falar e de escrever sobre as coisas que conhecemos como se nestas estivesse alguma realidade que se sustente por si só, para passarmos a ser Um com Cristo na radiação do Amor Pleno e, com esse Amor, qualificando esse falar e esse escrever com a realidade do coração.

E só quem se encontrar dentro dessa manifestação é que se poderá dizer filho da Nova Terra que desperta.

Do grupo ao contexto grupal

Na trilha do discípulo, quando este busca o encontro consigo mesmo e depois com o cosmos, várias são as fases nesse caminhar. Depois do despertar para a sua condição de Ser Espiritual, depois do levantar dos primeiros véus que lhe revelam uma realidade para além do jogo tridimensional, o discípulo – aquele que aspira a se tornar um Servidor – deixa os grupos gregários do mundo e parte na busca de outros caminhos mais de acordo com a sua nova condição.

Nessa busca, ele encontra outros grupos, grupos de natureza espiritual, e aqui começa a sua saga, em que ele terá que aprender a quebrar os primeiros espelhos, compreendendo que esses grupos, supostamente evolutivos e capazes de satisfazer as suas novas necessidades, são igualmente gregários, condicionadores da sua própria evolução, capazes, por isso mesmo, de o estagnar na caminhada por ele empreendida.

Quando o discípulo toma consciência de que a travessia desse deserto interno é solitária, quando percebe que o grupo ao qual se vinculou não poderá ajudá-lo nessa caminhada, é que ele se tornará verdadeiramente um discípulo aceito pelo Mestre, pronto para encontrar a sua própria natureza e, nesta, a expressão da sua condição de Servidor.

Aqui começa a transição do grupo para o contexto grupal, da unidade gregária para a unidade consciente, da ligação a uma estrutura física e ao seu líder para a ligação com o Mestre Interno que sempre esteve presente em todo o seu percurso. Mas afinal qual é a diferença entre um grupo e um contexto grupal?

No grupo – e neste caso falamos de grupos espirituais –, nós temos um centro, alguém que assumiu para si a responsabilidade de atrair aqueles que irão dar expressão a esse mesmo grupo; um guru ou mentor que, com a sua radiação, alimenta aqueles que estão em torno de si. Este é um sistema velho. O centro alimenta o círculo que está em torno que por sua vez usa esse alimento para manter a própria estrutura criada, fechando-se sobre si mesmo. No plano astral forma-se, então, uma egrégora que, pelo poder investido por aqueles que a alimentam, acaba por se tornar consciente e atuante, escravizando o grupo e o seu líder ao poder da sua vontade, enquanto se alimenta, como um parasita, da devoção dos elementos desse mesmo grupo.

No grupo, o apego está sempre presente, pois os seres que estão no círculo em torno do centro juntaram-se em função do próprio grupo que eles alimentam e sustentam, recebendo em troca a radiação que a egrégora imite através do líder desse grupo. Essa egrégora o faz não por um ato de serviço, mas porque, ao alimentar com a sua radiação os membros desse grupo, recebe em troca a devoção desses membros que alimentará e sustentará a sua própria condição. É um sistema não muito diferente do agricultor que alimenta as suas galinhas, não pela evolução destas, mas para receber em troca os ovos que o irão nutrir. É assim que uma egrégora funciona.

Nesse sistema, em que uma egrégora foi plasmada pela vontade de um líder e pela devoção dos seus integrantes, todos acabam por se tornar escravos dessa mesma egrégora, incluindo o próprio líder, pois, sem esta, não têm o alimento do qual estão dependentes. Nesse processo, não há evolução mas uma estagnação de todos em torno de uma nutrição que não é espiritual, mas da qual estão dependentes para continuar a sustentar uma ideia errada sobre o que é evolução Espiritual e Serviço. Sem esse "alimento astral" se sentiriam perdidos, pois nenhum contato interno foi realizado e, por isso mesmo, não há como buscar a nutrição real dentro de si mesmo.

Um contexto grupal é algo completamente diferente. Aqui não existe um centro, embora possam existir seres com papéis de liderança, não porque estejam acima dos outros ou no centro desse contexto, mas porque essa é a sua função, igual à de qualquer outro ser que se encontre vinculado a esse contexto. Todos estão no círculo em torno do centro, pisando o mesmo chão. Centro esse que é o próprio contexto e não um ser ou um sistema. São todos autossuficientes, pois já realizaram em si a travessia do deserto, encontrando neste a "fonte da juventude", que nada mais é que o contato com os planos mais Internos do Ser.

Esses seres não estão dependentes de ninguém nem de nenhuma situação específica. Juntaram-se em função desse contexto e logo que este se cumpra partem para o contexto seguinte sem apego algum que os prenda às estruturas criadas. São seres que teriam por si só uma caminhada solitária se nenhum contexto se apresentasse. A egrégora não tem, por isso mesmo, como se formar num contexto grupal, pois não existe alimento que a possa sustentar. Ninguém se encontra nesse contexto para receber o que quer que seja; todos emitem, todos irradiam, todos estão em função de um propósito mais alto e não em função do grupo ou do líder desse grupo.

Um grupo escraviza o ser, sendo sustentado pela egrégora que no fim acabará por dominar a todos. Aqui apenas existe estagnação, inércia, apego... Nada de verdadeiramente evolutivo pode nascer de uma estrutura como esta. No fim, acabará por se tornar sectária e contrária ao propósito Divino.

No contexto grupal, não existem amarras nem apegos. O ser está em função desse contexto que é um prolongamento da Vontade de uma Hierarquia Espiritual à qual todos estão vinculados por laços internos, ao contrário do grupo cuja vinculação é com o líder e sua egrégora. No contexto grupal existe a liberdade de ser e de servir, permitindo que o discípulo dê os passos necessários para se tornar um iniciado. Nenhum ser alguma vez alcançou uma iniciação dentro de um grupo espiritual... Iniciações grupais não são dadas a grupos espirituais, mas a todos aqueles que se juntaram em função de um contexto espiritual.

Por isso, antes que possamos aspirar a fazer parte de um desses contextos, temos primeiro que realizar a nossa alquimia interna, pois será a partir desta que teremos os instrumentos para irradiar o propósito dentro desse mesmo contexto. Apenas seres livres podem realizar tal tarefa. Ninguém que estiver preso a uma estrutura grupal poderá realizar qualquer serviço que seja verdadeiramente evolutivo.

Que terminemos a travessia do deserto interno para que possamos encontrar essa Fonte de Vida que nos aguarda do outro lado e então, sim, poderemos nos tornar, finalmente, verdadeiros Servidores do Plano Evolutivo. Quando isso acontecer, a Vida se encarregará de nos conduzir ao contexto que nos corresponde e no qual poderemos irradiar o propósito que nos está destinado. Ali ficaremos enquanto esse contexto existir e depois partiremos para o contexto seguinte sem apego algum por aquilo que foi realizado, pois o nosso único sustento vem dos planos internos.

Seremos então seres Livres e Plenos, expressões vivas e atuantes do Amor Divino.

Da canalização à sintonização

Durante muito tempo, a forma mais usada pelas entidades de outros planos para fazer chegar informação a esta realidade tridimensional era a canalização. O ser encarnado funcionava como canal para transmitir a informação necessária naquele momento; informação essa à qual, muitas vezes, nem ele mesmo estava filiado internamente. Embora canalizando, esse ser não tinha um vínculo interno com a fonte de onde a informação era proveniente. Ele era apenas um instrumento passivo, nada mais.

Hoje não nos é mais pedido este tipo de procedimento, já que os novos tempos pedem uma evolução na forma de transmitir informação de outros planos. A canalização é algo antigo e perigoso para os tempos de hoje, já que, pela facilidade de canalizar as informações mais variadas – e hoje as portas estão todas abertas e a informação tropeça nos nossos pés, repetindo-se até à exaustão, tal a abundância de fontes, seja nas mensagens recebidas, nos livros escritos ou até mesmo no acesso aos akashas de outros planos –, tanto podemos canalizar a luz como as trevas. Hoje, qualquer ser ou egrégora do plano astral, com a maior das facilidades, tal é a nossa sede e o nosso desejo por informação e conhecimento, pode se travestir numa entidade multidimensional e transmitir os textos mais inspirados. O importante não é, por isso mesmo, a informação, e sim a radiação que só é possível em processos de Sintonização, seja com os nossos núcleos internos ou com alguma entidade específica, e nunca pela canalização.

Enquanto na canalização existe o desejo e a vontade humana de transmitir informação, muitas vezes pelo protagonismo e pela visibilidade que isso trás, na sintonização é o Mestre que escolhe o ser para passar uma mensagem ou uma radiação específica. Não existe aqui nenhuma interferência humana. O ser apenas tem que estar disponível sem nada querer ou desejar. Às vezes, numa sintonização não é necessário a palavra apenas a emissão da energia, que é tudo aquilo que verdadeiramente importa. Energia essa que não tem a necessidade de se apresentar, pois a sua assinatura é essa mesma radiação, nada mais.

Esse processo de sintonização é algo de muito belo, pois significa que aquele discípulo foi aceito pelo Mestre, passando a integrar a sua aura. Ele não é mais um instrumento passivo que transmite informação, ele é um elemento ativo em união com o Mestre de tal forma que a sintonização se torna uma fusão entre ambos. Naquele momento eles são um só, e aquilo que está sendo transmitido, seja pela palavra seja pela emissão de energia, é o resultado dessa união sagrada em que Mestre e discípulo se fundem em função de um propósito mais alto. Aqui não há espaço para nenhum tipo de interferência, já que o processo é interno, ao contrário da canalização em que as interferências acontecem constantemente, tanto por parte da personalidade do canal e suas limitações como por parte de entidades que do plano astral buscam protagonismo e alimento devocional ao se apresentar sobre a capa de mestres conhecidos.

Quando esse processo interno de união entre discípulo e Mestre acontece, o discípulo passa a ser a mensagem. Enquanto na canalização o ser pode transmitir informação espiritual que ele mesmo não cumpre, por contrariedades várias da sua própria personalidade e do seu ego, na sintonização isso não é mais possível, pois aquele ser passou a integrar a aura do Mestre e por isso mesmo ele é UM com esse mesmo Mestre. Ele é aquilo que ele emite, sem distorção alguma. E esta é a verdadeira instrução.

Essa forma de intimidade é de tal modo profunda que deixa de ser importante para o discípulo saber a origem dessa sintonização ou o nome do Mestre ao qual ele está vinculado, que muitas vezes não é consciente para si, e isto não é mais importante porque, em essência, tudo é uma única expressão de Vida. Assim sendo, não há mais a necessidade de um autor por trás da mensagem, e sim ficar na energia e na radiação que as palavras, ou o silêncio, transmitem. Ao atuar dessa forma, o discípulo está a desastralizar todo o processo e a eliminar todas as formas-pensamento e interferências em torno desse, tornando-o, límpido e direto.

Que busquemos, pois, essa intimidade, essa união, muitas vezes realizada secretamente, sem que o ser tenha consciência disso, mas a isso estando vinculado pela radiação que passa a emitir através da palavra, da ação e do silêncio. Ele é agora Um com o Mestre que desconhece formalmente, mas que internamente está ligado por laços que não podem mais ser desfeitos. E este é o caminho direto para a elevação espiritual e para a instrução verdadeira. Tudo o mais são formas antigas que não devem ser estimuladas, pois prendem-nos ao passado e escravizam-nos em egrégoras muito pouco evolutivas.

Da terapia à cura

Cada vez mais se faz necessária a formação de curadores dentro da humanidade encarnada. Seres que, despojados de qualquer vontade humana de curar e entregues à vontade de Deus, possam funcionar como verdadeiros agentes dessa cura tão urgente e necessária nos tempos de hoje. Seres que não são formados por nenhuma técnica humana, por nenhum método espiritual ou terapêutico, mas que, na entrega incondicional ao mais alto se colocaram, de forma silenciosa e despojada, ao serviço do plano evolutivo.

Enquanto terapeutas, nós agimos na superfície dos sintomas, aliviando-os, direcionando-os, remanejando-os, dando um conforto tantas vezes necessário para que a pessoa possa seguir em frente com mais confiança e segurança. Não há nada de errado na terapia. É um instrumento que deve ser usado dentro dos limites do campo da sua ação. Contudo, não estamos ainda no domínio da cura. É como se eu tivesse uma mangueira por onde passasse óleo e, num determinado ponto dessa mangueira, existisse um furo. Esse furo, ao verter óleo para o chão, formou uma mancha de sujeira, sendo um risco para quem ali puder vir a escorregar. O terapeuta vai agir sobre o chão, permitindo que este seja limpo do óleo que ali está. Contudo, o furo permanece na mangueira e o óleo continuará a verter sobre esse chão, sendo uma questão de tempo para que tudo volte ao ponto inicial. Quando nós entramos nos domínios da cura, o óleo do chão até poderá continuar lá, mas a mangueira será reparada e não mais vazará.

Essa situação, muitas vezes, não é confortável para quem busca uma solução para o seu problema, já que essa busca é geralmente superficial e egoísta. A pessoa quer um alívio dos sintomas e não a cura. E, se num processo de cura, esses sintomas não são removidos, podendo até ser intensificados, a reação poderá até ser de rejeição. Seja como for, o problema foi resolvido e o óleo do chão ficará entregue ao livre-arbítrio da pessoa e seu respectivo carma.

Esse remanejar de energias e de forças que a terapia nos traz não é mais adequado para quem busca a verdadeira cura, pois, como vimos no exemplo anterior, o problema não é solucionado, apenas camuflado. A pessoa fica numa espécie de banho-maria, aliviando os sintomas e com isso caminhando um pouco mais, mas, logo depois, para novamente quando esses sintomas retornam, por vezes com mais intensidade, pois aquele buraco na mangueira só terá tendência a aumentar.

Nenhuma cura poderá acontecer por parte de nenhum terapeuta se neste existir o desejo que o seu paciente seja curado, pois aqui existe uma forma de manipulação e por isso mesmo uma interferência. Não temos que desejar coisa alguma, mas simplesmente nos colocar como instrumentos para que a vontade Divina seja realizada. Por outro lado, nenhuma cura poderá acontecer por parte de um terapeuta que emita para alguém qualquer tipo de energia, pois isso é magia. E mesmo que seja branca, continua a ser magia, que é uma interferência e, como interferência que é, geradora de carma. Nada disso é Cura.

A Cura começa no silêncio de qualquer vontade humana de curar e de uma entrega incondicional de todo o processo ao mais Alto. Quando alguém necessitado de cura chega junto de um verdadeiro curador, nenhuma técnica é aplicada àquela pessoa. Este ouve com toda a sua atenção, em silêncio, e depois, sem emitir nenhum tipo de energia nem formular nenhum tipo de desejo, mesmo que seja o desejo de curar aquela pessoa, ele traz todo aquele contexto para a sua consciência e dentro desse silêncio, com a sua atenção plenamente concentrada no problema, sem o questionar e sem formular nenhum tipo de juízo, ele permite que um conduto interno seja aberto para que a vontade de Deus se realize naquele contexto. E é aqui que os "milagres" começam a acontecer.

Para aquele que se propõe a receber a cura é necessária uma fé inabalável, pois aparentemente nada de visível está a acontecer. Ele que estava habituado às terapias em que muitas coisas acontecem, ali está diante do silêncio daquele que se apresenta como um curador. E diante desse silêncio só lhe resta a fé e a afirmação inabalável de que a vontade de Deus seja plenamente realizada, mesmo que esta possa ser contrária ao seu desejo. É também aqui, tal como na situação anterior, que se abre uma porta para que aquilo que chamamos de milagres aconteça.

Quando aquele general romano chegou junto de Jesus para que este curasse o seu empregado, ele apenas contou com a sua fé. Jesus não se deslocou à sua casa nem formulou nenhum tipo de desejo no sentido de curar o seu empregado. Apenas ouviu em silêncio e nesse silêncio trouxe para a sua consciência aquele contexto. E sem emitir nenhum tipo de energia, nem aplicar nenhum tipo de técnica, e tendo como suporte e veículo de condução dessa cura a fé daquele general, a cura aconteceu de imediato, naquele mesmo instante. É nesse ponto que todos aqueles que aspiram a se tornar curadores têm que chegar.

A partida pode parecer algo que está longe do nosso alcance, mas quem cria esse distanciamento é a nossa mente, aquela que é perita em múltiplas técnicas terapêuticas, mas que nada sabe de cura. Porque, na verdade, o alcance em nos tornar isto está exatamente na entrega de todo esse processo ao mais Alto, porque quem vai curar não somos nós. E se não somos nós quem curamos, que dificuldade poderá existir para que deixemos de ser terapeutas e nos tornemos curadores? Nenhuma!

Existe, no entanto, um obstáculo, que é o nosso próprio ego. Porque enquanto a terapia é remunerada, a cura é gratuita. Porque enquanto a terapia é reconhecida e valorizada, a cura é silenciosa e despojada. Porque enquanto a terapia cria legiões de pessoas dependentes, a cura liberta. E isso o ego não suporta. Assim sendo, passar da terapia para a cura implica unicamente uma escolha da nossa parte, pois nenhuma dificuldade existe para que isso aconteça.

E como fazê-lo, então?

Para podermos perceber o que significa exatamente fazer esta transição da terapia para a cura, vou contar uma história real vivida por um casal e que ilustra de modo preciso o que é a terapia e o que é a cura. E a situação que se apresentou a esse casal foi a de um cão que, durante dois dias, não parava de latir. Eles moravam num prédio que ficava na encosta de um morro onde existiam muitas casas, de tal forma que ficava difícil para eles e para as pessoas desse prédio perceber de onde vinha o barulho, pois o eco espalhava-se por todo lado. Durante dois dias, ninguém dormiu naquele prédio, tal era a agonia do animal. Nesse período, e por várias vezes, o elemento feminino do casal, aplicando uma das suas técnicas terapêuticas, emitia à distância energia para ajudar aquele cão. E embora por vezes ele parasse de latir, logo depois tudo voltava ao mesmo ponto. O problema continuava. E assim foi por dois longos dias e duas longuíssimas noites.

Ao terceiro dia, e enquanto o homem se preparava para sair com o filho para o parque, a mulher chegou junto dele e, de uma forma afirmativa e bastante segura, lhe disse: "Sinto que você pode resolver esta situação. Não sei como, mas algo em mim me dá essa certeza". Ele saiu para o parque confuso. Como ele podia resolver aquela situação se não sabia em que casa ficava o cão nem tinha nas suas mãos nenhuma técnica terapêutica que pudesse aplicar? Quando chegou ao parque continuou com isso na mente e enquanto brincava com seu filho, resolveu entregar todo aquele processo ao mais Alto. O que ele fez nessa hora foi a sua descrição do ocorrido, foi silenciar sobre o assunto. A única coisa que lhe veio à mente foi: "Pai seja feita a Tua vontade". Não emitiu nenhum outro pensamento nem enviou à distância nenhum tipo de energia. Apenas se manteve em silêncio e trouxe para a sua consciência aquele contexto. Disse-me que nesse período toda a sua atenção estava inteira no cão, sem que a sua mente formulasse nada nem emitisse o que quer que fosse. E embora continuasse a brincar com o filho, em nenhum momento deixou de ter presente o cão. Quando chegou em casa, o cão já não latia e não mais se fez ouvir. O que aconteceu com aquele animal ninguém soube, mas a cura daquela situação aconteceu.

Este relato mostra-nos como a cura pode operar de forma simples e direta, desde que exista da nossa parte a entrega de todo o processo ao mais Alto, sem nenhum tipo de interferência, nenhum… Trazer aquele animal para a sua consciência e manter a sua atenção de forma integral neste permitiu abrir uma porta para que Deus atuasse e resolvesse aquela situação, porque Deus só pode atuar na nossa vida e na dos outros quando a porta é aberta. Ele não a arromba. E enquanto na terapia nós abrimos a porta e entramos para ajudar quem está lá dentro, e assim podemos estar interferindo naquele processo, na cura nós abrimos a porta e vamos embora, deixando que seja Deus a entrar e a realizar ali a sua Vontade.

É apenas isto!

Que tenhamos, pois, a coragem de dar esse passo, pois o planeta está cada vez mais necessitado de curadores conscientes e atuantes, não na afirmação da sua vontade, pois aí estaríamos no domínio da terapia, mas como espelhos refletores de uma Vontade Maior.

Da observação à contemplação

Quantas não foram as vezes que dissemos para nós mesmos que somos seres despertos, seres que deixaram a ignorância de uma vida virada para as coisas materiais e passaram a se interessar por temáticas espirituais, sem nos apercebermos que o verdadeiro despertar não vem do interesse que possamos ter nesse tipo de assuntos nem nas práticas ou técnicas que possamos praticar, e sim no sentir do pulsar da Vida em tudo aquilo que nos cerca. Poderemos saber tudo de espiritualidade, praticar todas as técnicas existentes e sermos alguém tão adormecido quanto aqueles que se ocupam apenas de coisas materiais.

Sentir e perceber essa Vida que pulsa em tudo, e com essa percepção poder dizer, finalmente, que somos seres despertos, significa colocar toda a nossa atenção no momento presente e em tudo aquilo que ali acontece, sem deixar que a mente se disperse nas memórias daquilo que foi ou nas projeções daquilo que o nosso desejo pretende que seja. Trazer toda a nossa atenção para aquele instante, tornando-nos verdadeiramente conscientes é o único caminho para o Despertar Espiritual. Não existe outro. É ali que a nossa consciência percebe pela primeira vez o que é estar num espaço tridimensional, pois até então, enquanto adormecidos, nos relacionávamos com esse espaço como se este fosse bidimensional.

Quando nós olhamos para uma paisagem num quadro, por exemplo, de imediato percebemos a tridimensionalidade dos elementos apresentados através da perspectiva que o pintor usou ao elaborar a sua obra. Temos uma noção clara dos elementos que estão mais próximos e dos que estão mais afastados, contudo essa noção de tridimensionalidade é uma ilusão criada pela nossa mente, pois num quadro, não existindo espaço entre os objetos e, por isso mesmo, estando todos num mesmo plano, não há nada de tridimensional na sua expressão. Aquela obra, afinal, é bidimensional, nada mais.

O mesmo acontece quando observamos o mundo que nos cerca. Ao nos colocarmos diante de uma paisagem, por exemplo, a nossa mente, tal como quando estamos diante de um quadro, cria em nós a noção de tridimensionalidade através da perspectiva dos elementos dentro do espaço que está diante de nós. Uma vez mais estamos condicionados por uma reação mental sem que possamos penetrar verdadeiramente naquilo que estamos a observar. Assim sendo, tudo em torno de nós, tal como num quadro, se apresenta como sendo bidimensional, pois aqueles elementos observados ficam para a nossa consciência como se estivessem todos num mesmo plano.

Para sair desse vício e começar a perceber verdadeiramente o espaço tridimensional que nos envolve, temos que trazer toda a nossa consciência para o momento presente e colocar de forma integral a nossa atenção naquilo que estamos observando. É exatamente aqui que deixamos o estado de observação e penetramos no estado de contemplação.

Na contemplação, nós percebemos o espaço tridimensional não mais através da mente e, por isso, a noção de perspectiva é irrelevante. Nós percebemos que esse espaço é tridimensional porque pela primeira vez tomamos consciência do vazio que separa cada elemento observado. Os objetos, por sua vez, que na observação têm apenas realidade para nós na face que está exposta para os nossos olhos, na contemplação passam a ter uma realidade completa e integral. Nós percebemos esse objeto na sua totalidade, tanto a parte visível como aquela que se oculta do outro lado. Ele é um todo que se relaciona com os outros através da respiração deixada pelo espaço vazio que está entre cada elemento, espaço esse que está totalmente presente na nossa consciência pela atenção integral que colocamos naquilo que observamos.

Estar inteiro no momento presente com a atenção totalmente focalizada no objeto, o que significa desativar a mente de toda ou qualquer expressão, é penetrar no domínio da contemplação que, na verdade, é a única invocação verdadeira para que o nosso Ser Interno se possa expressar. É pela contemplação que Ele acontece no mundo através de nós.

Que não julguemos, no entanto, que contemplar é fugir da realidade do mundo, bem pelo contrário. Contemplar é dar realidade ao mundo, pois trazemos para a nossa consciência a Vida que pulsa em cada átomo que nos envolve, fundindo-nos com tudo. E isso, que parece algo tão distante de nós, está, na verdade, ao alcance de todos, e esta é a grande ironia que a Vida nos deixa, mostrando-nos como tudo pode ser tão simples.

Geralmente, buscamos o Ser Interno nas mais variadas formas, através dos mais variados métodos. Desejamos que um dia este possa expressar-se livremente através de nós e, motivados por esse desejo, empreendemos uma longa viagem pelos mais variados caminhos da expressão espiritual e suas múltiplas técnicas, contudo, a solução para que isso aconteça não está em nenhuma dessas coisas, e sim AQUI. Está nesse vazio que tudo unifica, aqui mesmo, diante dos nossos olhos. E embora a solução seja simples, continuamos a não a ver, buscando os caminhos mais longos, mais complexos, mais elaborados. O segredo está exatamente em trazer a nossa consciência, através da atenção plena, para tudo aquilo que observamos, e aí, através dessa invocação, podermos abrir um canal interno para que o nosso Ser Interno possa finalmente permear a substância do nosso corpo e ativar esse Fogo no centro do peito como núcleo irradiador do verdadeiro Amor.

Um dia, a contemplação não será mais um ato esporádico, mas permanente. Tudo o que vemos, fazemos, será feito com a consciência totalmente presente, através da atenção, no único momento que realmente existe que é o AGORA. E aí o nosso Ser Interno poderá estar sempre conosco. Mas enquanto isso não acontece, enquanto esse estado contemplativo não for para nós como é o ato de respirar, algo natural, espontâneo, sem que nos tenhamos de ocupar com isso, podemos usá-lo como um exercício de invocação do Ser Interno, para que, aos poucos, possamos começar a sentir a Vida que está em Tudo.

E o exercício que proponho – um exercício simples que poderá, sem grandes métodos ou técnicas, ajudar a trazer para a nossa consciência tridimensional, mesmo que apenas por alguns instantes, aquilo que somos internamente –, consiste em nos deslocar até um lugar que nos seja agradável, embora a contemplação seja para ser vivida na integralidade da nossa vida e, por isso, em tudo aquilo que fazemos e em todos os lugares por onde passamos. Estando nesse lugar, que percebamos como nos temos relacionado com o mundo como se este fosse bidimensional, pois não tendo percebido esse espaço entre as coisas, é como se tudo estivesse num mesmo plano, sem respiração.

Tendo essa noção, comecemos por silenciar a nossa mente, trazendo-a para o momento presente, em que esta deverá ficar quieta, sem interpretar nada daquilo que iremos viver em seguida. Coloquemos então toda a nossa atenção, toda, naquilo que estamos observando. Perceba tudo o que ali está: a textura, a espessura, a cor, o movimento e, ao mesmo tempo, não perca nunca a noção do espaço circundante. Faça como os mestres de artes marciais que, focalizando um adversário, conseguem ao mesmo tempo estar conscientes de todo o espaço circundante e assim não perdem de vista os restantes adversários, mesmo não os olhando diretamente. Perceba o todo e, ao mesmo tempo, funda-se com cada parte. Para isso, pode ficar parado num mesmo lugar enquanto observa tudo em torno de você ou caminhar por esse espaço.

Se sua mente estiver silenciosa e não tentar conduzir o processo, e se nada for analisado a respeito desse, você começará a penetrar na Vida que ali está a pulsar, percebendo o espaço vazio entre os objetos. É aqui que saímos da observação para a contemplação. É como se estivéssemos diante de um quadro, que é bidimensional, e de repente, num instante, este se transformasse num holograma saindo dos limites da moldura.

Poderá ser que por algum tempo não consiga penetrar nessa Vida que pulsa em cada átomo, e assim entrar no estado de contemplação. É como nos estereogramas. Quantas horas não ficamos diante daquela folha de papel em que só existia ruído, mesmo que nos dissessem que ali estava uma imagem, sem que nada acontecesse. E de repente, num único instante, para nosso espanto, os nossos olhos fizeram aquele movimento necessário e como que por magia a imagem surgiu do meio desse ruído. É um pouco assim.

Fique diante dessa paisagem. Por alguns momentos, sua mente não te dará trégua, tentando fugir ou para o futuro ou para o passado. Mas traga-a sempre para o momento presente e impeça que esta se pronuncie sobre o que está a acontecer. Quando menos esperar, tal como nos estereogramas, a imagem sairá do meio do "ruído" e você entrará em contemplação. Quando isso acontecer, o vosso Ser Interno imediatamente se fará presente. Você sentirá uma paz e uma leveza permearem cada átomo do seu corpo e no centro de seu peito um Fogo se fará presente. Esse Fogo é Amor Puro, irradiando para tudo e para todos.

E é exatamente aqui que o verdadeiro despertar acontece.

Da Lei da Atração à Lei da Abundância

Enquanto seres encarnados, todos nós estamos sujeitos a várias Leis. Desde as Leis materiais que tentam regular a vida dentro do universo manifestado, como é o caso da Lei do Carma, às Leis Espirituais que nos impulsionam para fora deste universo através da sintonia com a Vida que nele se manifesta.

A Lei da Atração, tão divulgada hoje, opera dentro do circuito da Mãe e por isso mesmo é uma Lei material, própria do universo planetário onde nos encontramos encarnados. Essa Mãe, que é a substância lúcida do universo manifestado, e por isso material, reage aos nossos pensamentos e sentimentos, que são matéria, devolvendo-nos aquilo que desejamos, não na forma de um impulso espiritual ou de uma expansão de consciência, já que isso é do domínio do circuito do Filho, mas através das formas por nós desejadas. Essa Lei possibilita, unicamente, pela compreensão do seu funcionamento e dos seus mecanismos de ação e reação, encontrarmos um equilíbrio de forças dentro deste universo a que chamamos Planeta Terra.

Esse equilíbrio não é vertical, mas apenas uma forma de deslocar forças e organizá-las, permitindo-nos aplainar as arestas do caminho. Contudo, embora esse aplainar das arestas possa até ser importante num momento específico do nosso processo evolutivo, buscar essa Lei, para constantemente retirar desse caminho todas as arestas, será certamente uma armadilha na qual não devemos cair.

Se eu retiro do caminho todos os obstáculos que a Vida me traz e que estão ali para que eu possa amadurecer como ser espiritual, a possibilidade desse crescimento e desse amadurecimento é cancelada. Eu fico dentro de uma bolha hipnótica, criada pelos meus próprios desejos, e ali, na ilusão da felicidade material, estagno todo o meu processo espiritual na liberdade que deixarei de ter.

É como se nós fôssemos um cão de rua, que de tão desesperado pelos caminhos da sua vida, emite para essa grande Mãe o desejo de ter todos os dias comida no prato e uma casa limpa para dormir. E essa grande Mãe, como qualquer mãe, vendo a sinceridade do seu pedido, o satisfaz enviando alguém que, passando pela rua, o recolhe. A partir de então, esse cão passará a ter todos os dias comida no prato e uma casa limpa onde morar. Só que juntamente com a satisfação desse desejo, que aparentemente melhorou a sua vida, vem também uma coleira, uma trela e os limites do muro da casa de alguém que passou a ser o seu dono.

Buscar a Lei da Abundância é sair do circuito viciado da Lei da Atração, é confiar integralmente na vontade do Pai, sem desejar coisa alguma. É ser este cão de rua, livre, e acreditar que o universo vai trazer tudo aquilo que ele necessita para o seu próprio crescimento, sejam coisas boas ou não. Se retiro desta equação as coisas desagradáveis, eu estagno completamente meu processo espiritual, pois dentro de um plano dual, a evolução faz-se pelo confronto dos opostos. É assim que lapidamos a nossa pedra bruta em cristal polido e reluzente.

É certo que nessa travessia do deserto, nesse caminhar descalço pelas areias escaldantes, de pés pelados pelo calor, sequiosos de água, sem forças, encontrar um pequeno oásis onde possamos pousar os pés em água fresca, beber de um coco e comer algumas tâmaras poderá ser uma pausa agradável e por vezes necessária. Mas atenção, aquele oásis não é a terra prometida, esta encontra-se no fim do deserto. O perigo da Lei da Atração é ficarmos ali como se este fosse o lugar de chegada e, de pés na água fresca, de coco numa mão e tâmaras na outra, recostados numa palmeira, deixarmos passar ao lado toda a nossa vida e toda a razão de aqui estarmos encarnados.

Que possamos compreender que não estamos encarnados apenas para atrair pessoas agradáveis. Nós estamos aqui para servir, e servir o plano evolutivo é aceitar integralmente aquilo que a vida nos traz. Se eu retiro do circuito, através da Lei da Atração, as pessoas que me incomodam, a quem é que estarei a ajudar? Sim, porque Jesus poderia ter ficado junto dos apóstolos e ali não haveria crítica nem julgamento. Mas ele foi para o meio dos "pecadores", dos gentios, daqueles que o criticavam, porque isso era servir a Deus. Se ele invocasse a Lei da Atração para trazer à sua vida apenas coisas boas e pessoas agradáveis, hoje nada saberíamos desse Jesus que teria ficado lá num qualquer monte da Palestina falando para seu grupo restrito de eleitos.

Vamos parar de nos iludir com promessas de uma espiritualidade fácil, porque isso é algo que não existe, não porque o caminho espiritual seja difícil, não, ele é muito simples. O problema é que nós estamos atados a tanta tralha civilizacional, seja esta material ou espiritual que, quando nos é proposto trabalhar tudo isso de forma consciente e frontal, nós fugimos. E fugimos porque, soltar aquilo que não queremos largar, implica sofrimento e ninguém quer sofrer. E como ninguém quer sofrer, recorre-se à Lei da Atração como uma fuga a essa transformação.

Se nós não queremos sofrer, e isso é legítimo, então não temos que fugir de coisa alguma, por maior que seja a dor que isso nos traga, mas apenas soltar e nos desapegar daquilo que tem que ser transformado, colocando tudo isso nas mãos dessa grande Mãe. Sim, porque o processo é exatamente o oposto. Não se trata de pedir coisas ao gênio da lâmpada, e sim entregar-lhe tudo aquilo que tem que ser transformado em nós. É para entregar e não para pedir.

Ninguém entra no circuito da Abundância fugindo de si mesmo, pedindo a essa grande Mãe a satisfação dos seus desejos, nem chega lá com cursos, palestras, cheques enviados a Deus e similares.

Nós entramos no circuito da Abundância pela entrega, pela fé, que é esta certeza inquestionável de que tudo está ali para o nosso crescimento e amadurecimento e que, por isso, não temos de fugir de nada, nem buscar o caminho mais cômodo, que, embora possa nos trazer água fresca para os pés, nada trará para a nossa verdadeira transformação como seres espirituais que somos.

Sim, porque um ser pode dominar por completo a Lei da Atração, trazendo para a sua vida toda a felicidade material e estar completamente estagnado em termos espirituais, enquanto um outro, nada sabedor dessa Lei e que até poderá ter a sua vida um tanto caótica do ponto de vista material, poderá dar passos significativos nesse crescimento espiritual.

Ao entrarmos na Lei da Abundância, o universo, sem que tenhamos que pedir coisa alguma ou questionar o que quer que seja, porque já nos entregamos incondicionalmente a ele, irá fazer chegar a nós tudo aquilo de que necessitamos para cumprir a nossa função, que tanto poderá ser coisa alguma do ponto de vista material como mais que tudo aquilo que alguma vez nós pudéssemos ter desejado. É indiferente. E é indiferente porque o foco não está mais naquilo que se recebe, mas naquilo que tem de ser realizado.

A escolha será sempre nossa. Podemos recusar continuar a caminhar pelo deserto rumo à verdadeira Abundância, estacionando num oásis qualquer. Mas atenção, a Lei da Atração é temporária como tudo aquilo que é material. Basta uma tempestade de areia e o deserto avançará sobre o oásis. A Abundância, que é uma Lei Espiritual, é eterna, e depois de alcançada nunca mais se separará de nós, venham as tempestades que vierem.

A função espelho

No cosmos, a comunicação é feita por aquilo que se conhece como sistema de espelhos, que permite que a energia flua sem distorção, imaculada, mantendo o seu timbre e a sua nota programática e arquetípica. Esse sistema é o ponto de equilíbrio do próprio universo onde nos encontramos, seja um planeta, um sistema solar, uma galáxia ou o cosmos como um todo. Ele é a garantia de que a Voz do Pai se faz ouvir em cada recanto da sua manifestação. Todos os outros sistemas de comunicação são falíveis e passíveis de ser interferidos por núcleos involutivos, mas não os espelhos. É por essa razão que a Hierarquia usa apenas o sistema de espelhos para a sua comunicação.

Os espelhos funcionam em planos supramentais e dessa forma não há como interferências de planos inferiores contaminarem a comunicação. Ele é realizado de coração a coração, seja o coração da Galáxia ou de um ser humano.

No planeta Terra, existem vários desses espelhos de amplitude cósmica, que conhecemos como centros Intraterrenos e que na verdade nada mais são que válvulas dosadoras da Vontade do Pai, fracionando essa vontade na cor necessária para a execução da Tarefa.

Para além desses espelhos maiores, existem os menores que podem, em muitos casos e cada vez mais, serem pessoas encarnadas que desempenharão essa função junto dos seus irmãos.

Dentre as várias linhagens monádicas atualmente estabilizadas, existe uma muito específica que é a Linhagem dos Espelhos. Um ser que está se formando para ser um Espelho é um refletor da Vontade Divina para o seu ambiente e, a partir dessa reflexão, um condutor direto de um coração maior para um coração menor.

Esta é uma das linhagens mais difíceis de serem estabilizadas num ser humano, pois implica que o ser se anule totalmente e se entregue de forma plena à Vontade Maior. Um Espelho não coloca nada de seu naquilo que irradia, não direciona, não manipula, apenas reflete sem se ocupar mentalmente com aquilo que é refletido. Ele é um instrumento para que cada ser possa contatar diretamente a sua essência ou regência Hierárquica.

Um Ser Espelho formado é alguém que tem a capacidade, pela sua presença, de emitir para cada uma das pessoas que estão no mesmo ambiente aquilo que cada uma necessita receber, na dose exata, sem se ocupar mentalmente com isso. O processo não passa sequer pelo seu consciente, ele apenas reflete. É por isso que essa é uma das linhagens mais difíceis de se estabilizar num ser, já que todos nós temos a tendência humana para nos apropriar e nos beneficiar daquilo que não nos pertence.

Se um Ser Espelho não for fiel à sua linhagem e se colocar como emissor, fazendo passar para os outros a ideia de que aquilo que está a ser emitido vem dele, não só ele estará contraindo para si um carma tremendo, como estará envolvendo os receptores dentro de uma malha hipnótica da qual eles terão muita dificuldade em sair.

Se chego a uma sala em que um Ser Espelho se encontra e se este não for fiel à sua função, fazendo passar para todos a ideia de que aquilo que ele irá emitir vem dele como pessoa ou ser espiritual, a onda de Amor que irei receber, e que estará mesclada com o magnetismo pessoal dessa pessoa, irá me prender imediatamente à sua presença me fazendo acreditar que ele é que é o emissor dessa onda. Só que esse Amor que recebi não veio dele como indivíduo, mas através dele como espelho, sendo a sua origem a minha própria Alma. Ou seja, ficarei enamorado com a presença desse ser e deleitado com o Amor que julguei vir dele, quando na verdade estou é enamorado da minha própria essência que foi refletida no espelho que ele é, ao qual ele não foi capaz de ser fiel como servidor do plano Evolutivo, apropriando-se desse.

E se nós compreendermos que todo o mago negro foi em tempos um espelho em formação que se perdeu de si mesmo e que se apropriou dessa função para seu benefício, rapidamente percebemos o poder que está em jogo neste tipo de comportamento, pois, como referi, serão cada vez mais os espelhos em formação e espera-se, para o bem de todos, que sejam muitos aqueles que consigam estabilizar em si essa função para atuar como espelhos plenamente consagrados e obedientes à vontade do PAI.

Um espelho formado e alinhado com essa vontade, não coloca nada de seu naquilo que emite. E ao não colocar nada de seu, permitirá que cada ser receba de forma límpida, sem que a energia seja mesclada com o seu magnetismo, o Amor da sua própria Alma ou Hierarquia. E isto acontecerá de tal forma que o ser que receber essa onda de Amor nem perceberá muitas vezes que foi o Espelho que permitiu esse contato, nem o Espelho se ocupará em fazê-lo compreender que foi através dele que isso aconteceu. Tudo é feito no silêncio de quem nada quer para si. Da sua ação despojada apenas fica a expressão dessa Vontade Superior que nos deverá conduzir sempre pelos caminhos da verdadeira Vida.

É muito importante nos tempos de hoje que estejamos totalmente lúcidos sobre esse processo, pois serão cada vez mais os Espelhos em formação. Que compreendamos, mesmo que a função Espelho possa estar corrompida naquele que emite, que aquela onda de Amor não vem dele, mesmo que mesclada com o seu magnetismo, mas que vem da nossa própria Alma. E que aquele que se perceber dentro da Linhagem dos Espelhos compreenda que não deverá nunca colocar nada de seu que possa contaminar essa função; que ele, como Espelho, apenas reflete. E que, se alguma vez for gerado um campo que dê espaço para que aquele que recebe possa julgar que o outro é o emissor, que este último tenha a firmeza necessária para esclarecer o outro no sentido deste perceber que a onda de Amor que ele recebeu não veio dele como indivíduo, mas que apenas se refletiu nele, permitindo assim que esse ser possa estabelecer um contato direto com o Amor Profundo que ele é em essência.

Se hoje trouxe esta reflexão, por sentir urgência interna em passá-la, é porque tudo isto é muito sagrado… Já não há muito mais tempo – pois estes são os tempos –, para continuarmos a macular as ofertas que o Céu nos dá.

A verdadeira liberdade

A vida é feita de escolhas e a cada instante temos que pesar em nós o que realmente é importante e essencial para a nossa caminhada neste mundo.

Podemos optar pelos belos fogos de artifício que nos deslumbram e nos fascinam mas que, de tão efêmeros, logo desaparecem sem que nossas mãos os possam tocar ou podemos optar pelas sementes que se lançam à terra e das quais não temos notícia por algum tempo, mas que um dia se transformam em árvores robustas de onde brotarão os frutos que nos nutrirão.

Nos fogos temos o fascínio e o deslumbre do momento, o estímulo de quem busca satisfazer um prazer momentâneo e fugaz, um prazer que nos alimenta o ego, numa alegria forçada que logo se transforma num imenso vazio. Saltamos assim de espetáculo em espetáculo, saciando-nos com momentos que nada nos trazem, para além dos aplausos extasiados do cessar fogos, que logo se calam no vazio de um céu que se tornou negro depois de todas as cores que nos inebriaram.

Nas sementes temos a promessa de algo que não se desfaz, mesmo que ali nada esteja diante dos nossos olhos que apenas a terra lavrada. Não há fogos nem luzes, não há nenhum espetáculo para além daquele que a própria Vida nos traz com sua simplicidade. Ali, apenas está a promessa de algo tão sagrado que pede de nós o cuidado e a sensibilidade de estar presente sempre que for necessário, regando essa promessa com o amor que fará com que um dia as sementes sejam árvores e delas brotem frutos.

Enquanto inebriados pelas mil cores dos fogos, nada temos que ceder de nós. O nosso espaço é todo nosso. Vivemos para nós e em função do nosso prazer. Mas, nas sementes, temos esta coisa mágica que é saber ceder parte dessa liberdade efêmera que julgamos tão importante e que, na verdade, nada é em função do tempo que for necessário para regar aquela promessa e transformá-la na realidade que, um dia, nos dará sombra e frutos para comer.

Frutos que acabarão por nutrir todos aqueles que no vazio deixado pelo fascínio desses fogos se perderam de si mesmos, julgando que conquistavam uma liberdade que nunca existiu, pois sem a entrega plena a algo que nos transcenda continuamos escravos de nós mesmos.

Que possamos compreender que a verdadeira liberdade vem do compromisso que assumimos para com essas sementes e não no caminhar de espetáculo em espetáculo, seja este material ou espiritual, pois na noite escura de um céu que se apagou nos encontraremos amordaçados pelo egoísmo que nos consumirá e do qual somos escravos de uma liberdade que nunca o foi.

A verdade

Certa vez um peregrino, na busca da Verdade, escalou uma montanha e ali ficou pedindo aos deuses que lhe mostrassem essa Verdade. Em resposta ao seu pedido, uma criança chegou junto de si e disse-lhe:

"Eu sou a Verdade que procuras."

Os olhos do peregrino ficaram rasos d'água de tanta comoção. Finalmente ele tinha encontrado a verdade.

"Fica comigo", disse ele para a criança. "Para que eu possa te ter junto de mim para sempre."

"Não posso ficar", respondeu a criança. "Ainda sou jovem, preciso crescer."

O peregrino, não compreendendo as suas palavras, perguntou-lhe se poderia tirar uma fotografia. A criança concordou e a partir de então ele passou a caminhar pelo mundo com um retrato da Verdade que fazia questão de mostrar a todos, dizendo:

"Vejam o que trago comigo! É a Verdade! Depois de muito procurar, eu a encontrei finalmente!"

Muitos foram aqueles que seguiram o peregrino, pois ele era o único que tinha encontrado a Verdade. O único que poderia falar dela, assim pensavam. Anos depois, uma mulher de expressão serena e olhar iluminado, agachou-se junto de si e perguntou-lhe:

"Sabes quem eu sou?"

"Não", respondeu ele. "Quem sois vós?"

"Eu sou a Verdade", disse ela num leve sorriso.

"Julgas que me podes enganar! Eu sou o único que viu a Verdade e garanto-te que não és tu."

"Pois eu digo-te que sim… Que sou a mesma Verdade que te apareceu no alto do monte."

"Mentes!", disse ele furioso. Tirou então do bolso a fotografia da criança, dizendo: "Eis a Verdade! Nada se parece contigo. Tu és uma mulher; e a Verdade, uma criança"

Ela levantou-se, entristecida. Antes de partir fixou-o nos olhos e disse:

"Espero que um dia tu possas compreender, peregrino de olhar cego e mente cristalizada, que toda a criança um dia se torna adulta, e assim também é com a Verdade."

A nova família

Uma nova forma de relacionamento entre dois seres, que em conjunto dão expressão a um casal, está aos poucos despertando na consciência de muitos, não pelo desejo emocional de o concretizar, mas pela nota interna emitida por esses seres que percebem que nenhuma outra forma de relacionamento, que não este, poderá sustentar e estruturar a sua existência em conjunto.

Com a Nova Terra, irão surgir novas famílias, novos hábitos de relacionamento entre aqueles que darão expressão a esse núcleo sagrado que aos poucos irá sendo revelado na ação e na vivência que muitos irão manifestar.

Com o novo Homem, uma nova sociedade será criada à imagem desse arquétipo que nos compete materializar. Nesta estará contida a expressão interna de um programa que ficou por concretizar no passado e que agora, com o retorno simbólico de Adão e Eva ao paraíso perdido, irá finalmente manifestar-se no plano material.

Com a nova família, novas energias darão expressão a esse núcleo que finalmente cumprirá a função estabilizadora de todo um processo civilizacional. O núcleo familiar será uma verdadeira celebração da Vida no plano físico, e não mais o arrastar de forças cármicas no atrito gerado entre aqueles que hoje ainda lhe dão expressão.

No passado – e os tempos de hoje já são esse passado –, dois aspectos da experiência humana nesse plano material foram sempre vistos como opostos e inconciliáveis. De um lado a experiência monástica, vivida na reclusão de um mosteiro ou no isolamento de um deserto, do outro a experiência familiar como suporte de todo um processo civilizacional.

Na vivência monástica, buscava-se o contato profundo com o Divino, fazendo dessa experiência um ritual de entrega total ao absoluto. Na vivência familiar, por sua vez, buscava-se a perpetuação da espécie, dos costumes, dos hábitos ancestrais.

Pela oposição forçada que sempre foi imposta a essas duas formas de experiência, todo um Potencial-Vida-Propósito ficou por revelar. Para o monge, a vivência familiar era um entrave à busca do Divino. Para o casal, a vivência monástica era um obstáculo para a sua vida comum e para a experiência dos vários prazeres e realizações que esta lhe proporcionava.

Hoje, com o despertar do novo Homem, uma nova energia familiar está disponível para a formação dos casais que darão expressão a esses núcleos. Finalmente – devido ao amadurecimento de muitos seres e à consciência profunda de que eles são partículas de um todo, completas em si mesmo – essas duas energias poderão fundir-se numa só.

A energia monástica será levada até o seio familiar, transformando o Lar num Templo e o casal em dois monges. Será a consagração da família que se tornará num núcleo verdadeiramente sagrado.

Não mais os apegos estarão presentes no desejo incontido de possuir o outro. Cada ser será livre em si mesmo. Cada um saberá reconhecer sem esforço o espaço do outro sem o invadir, aceitando essa liberdade com a mesma naturalidade com que aceitam a liberdade de um pássaro.

As energias astrais serão removidas pela raiz. Não haverá mais espaço para a paixão, para o ciúme, para a monitorização constante do outro no medo de perder a fonte de abastecimento energético. Serão seres verdadeiramente livres, não estando dependentes do outro para encontrar em si o equilíbrio e a PAZ. Cada um é completo em si mesmo: não há nada a perder nem nada a ganhar. O relacionamento deixa de ser um jogo entre forças para passar a ser a expressão real do Amor-Sabedoria em que elementos fricativos não se encontrão mais presentes.

Esses seres viverão verdadeiramente como monges dentro de um Templo-Lar em que a Nota das duas experiências estará presente no que de mais puro cada uma delas tem para dar. Serão seres em profundo Silêncio mental, Paz emocional e Harmonia física. Por si só, serão o rosto da nova Terra, a expressão desse novo alvorecer que nos aguarda.

Da energia familiar retirarão a partilha de um espaço e a comunhão de toda uma experiência vivencial nos menores detalhes. Da energia monástica retirarão o Silêncio, a Impessoalidade e a Entrega. Será uma relação de celebração constante ao Absoluto, não através de rituais, mas do ato simples de existirem em conjunto e união, dando-se a sacralização da família.

Muitos de nós têm a responsabilidade de dar expressão a esse protótipo familiar dentro de uma dimensão em transição, em particular os mais novos. Esses casais serão como ilhas desse futuro que desperta, funcionando como embaixadores da Nova Terra: aqueles que transportarão em si a síntese dessas duas energias até hoje vistas como opostas.

A formação desses casais terá por base seres cuja afinidade espiritual é complementar na partilha conjunta que fizeram em sucessivas encarnações. Não mais fatores de personalidade e condicionamentos cármicos irão interferir na união desses seres, mas a ligação profunda e a afinidade ancestral entre os núcleos internos que os ligam desde sempre. E isto assim será tanto para o outro elemento do casal como para os próprios filhos. Serão, por isso mesmo, famílias formadas numa base vertical e não horizontal como acontece nos dias de hoje.

Deixarão, desse modo, de existir diferenças entre a família física e a espiritual. Os filhos que reencarnam, membros dessa mesma família espiritual, virão compartilhar no plano físico uma experiência vivencial dentro do ciclo temporal que compete àquela família manifestar no serviço prestado ao Plano Maior.

Crianças, essas, que virão até este plano através de uma sexualidade consciente por parte dos pais, vista como um ritual de celebração ao Único Ser e, por isso mesmo, algo profundamente sagrado. Não mais essa energia será dispersa no alimentar contínuo das forças da personalidade, mas na sintonia profunda com o Divino, num gesto de devoção incondicional à Vida como um todo.

Para os seres que darão expressão a essas famílias, a sua união será vista como um ato de Serviço ao Plano Espiritual. Eles têm plena consciência que a razão de estarem juntos é Servir, e isto será para eles uma fonte de Estabilidade, Alegria e PAZ.

No entanto, a todos aqueles que aspiram um dia poder dar esse passo, digo para não alimentarem expectativas que tantas vezes são o resultado de projeções emocionais e mentais. Para que possam estar prontos para assumir esta nova Nota, têm primeiro que se transformar profundamente. Não há como dar expressão a um casal que trazem si a Nova Terra com as velhas forças e com os velhos trajes.

Só o fato de existir em nós o desejo de que tal possa acontecer já demonstra o quanto não estamos preparados para dar esse passo. Essas novas famílias não são formadas por nenhum processo humano convencional, mas pela arquitetura interna projetada para esta encarnação e, assim sendo, apenas a decorrência natural do nosso amadurecimento espiritual nos levará ao ponto de interseção exato entre esses dois seres dentro do plano definido para as suas vidas nesta dimensão.

Como poderemos querer dar expressão a uma dessas famílias se ainda existir em nós o apego, o sentido de propriedade com relação ao outro, a necessidade astral de receber energia do exterior para nos sentirmos completos? Como podemos querer formar uma família sagrada se a sintonia com os núcleos internos do nosso Ser ainda for intermitente? Se a nossa entrega ao Divino ainda for incompleta? Se a nossa consciência de serviço ao Plano ainda não estiver estável e absolutamente clara aos nossos olhos?

Enquanto isto não acontecer, não há como dar expressão a essa nova família; e se o tentarmos fazer movidos por forças astrais ou mentais, cairemos em mais uma das muitas ilusões nas quais ainda estamos mergulhados.

Assim sendo, antes que possamos dar expressão a essa nova forma de dois seres se relacionarem dentro da energia do casal, devemos primeiro trabalhar os nossos corpos na entrega incondicional ao Divino e só então, sem que nenhuma vontade humana esteja presente, é que esse encontro maior poderá acontecer na decorrência natural de um processo que nos estava destinado viver.

Que sejamos, pois, humildes no nosso querer, sinceros na nossa entrega e simples nos passos com que trilhamos os caminhos deste mundo. Só então esse diamante nos poderá ser colocado nas mãos, pois já não nos apegaremos a este nem o tentaremos possuir.

Palavras finais

Todos somos capazes de compreender o mundo em nós, de interpretar a vida pelos nossos olhos, num esforço que dê sentido a esse ato de existir. Embora o conhecimento possa ser transmitido, propagado pela palavra escrita de um livro, pela palavra falada de um mestre, a sabedoria, essa, é grande demais para comportar tais limitações. Não a podemos pedir emprestada e muito menos aprendê--la em escolas; ela é, e sempre será, o resultado da compreensão que fizermos do mundo, na vivência dessa realidade a que chamamos Vida, que na sua essência somos nós próprios.

Não devemos, por isso mesmo, subordinar o nosso pensamento ao pensamento de um outro sem uma reflexão que nos permita compreender em nós esse mesmo pensamento, pois, se o fizermos, estaremos traindo a nossa consciência; atalhando caminho para nos tornarmos joguetes em mãos alheias, pois quando não sabemos quem somos, outros se encarregarão de o dizer por nós. E esse é o primeiro passo para o fundamentalismo, para a intolerância, para o fanatismo cego de quem tomou o mundo pela palavra de outro e não pela sua própria como resultado de uma compreensão sua.

Não é por isso obrigatório pertencer a uma religião, ter uma doutrina, fazer parte de uma ordem mística ou esotérica para que a sabedoria seja despertada em nós. Um ateu pode estar tão mais perto dessa realização que um crente. O importante é que nos propusemos nesse caminhar para nós próprios como forma de nos doar ao mundo.

Estes são tempos muito importantes para a humanidade, não só pelas mudanças que se avizinham, mas pela queda de muitos dos paradigmas do passado. Tal como castelos feitos de areia, iremos assistir à queda dos paradigmas em que esta civilização fundou seus alicerces, acentuando a confusão de quem, de um momento para outro, se verá sem terra por baixo dos pés, náufragos das ilusões cultivadas durante tanto tempo.

Iremos assistir, também, ao ressurgir de uma nova espiritualidade, liberta de imposições, de dogmas, de máscaras feitas à imagem do homem para servir as suas conveniências. Uma espiritualidade que irá renovar a humanidade velha nos seus trajes, lançar uma lufada de ar fresco sobre as consciências dos homens, libertando-os de um longo cárcere.

E só então estaremos prontos para compreender o significado do verdadeiro Amor, que não é patrimônio de uns quantos, mas de todos os homens que procurem em si a sua própria Essência. Que vejamos o Amor como resultado do respirar de Deus, o oxigênio inalado pelos Seus pulmões que depois de transportado pelo sangue chegará a cada célula, alimentando-a.

Alimento esse que se recebe sem a necessidade de cupons, de inscrições, sem esperar que alguém nos diga que já podemos ter a nossa parte. Compreender esse Amor é abrir a nossa consciência para o mundo e para os outros, é aceitar cada pessoa como uma parte de nós na partilha de um espaço que nos tem por irmãos. E isso é algo que está ao alcance de todos.

Digo a você, também, para não tomar os caminhos dos outros como sendo piores que os seus. Aparentemente, o trabalho de um missionário que dedicou toda a sua vida ao serviço da humanidade parece ser mais nobre que o de um agricultor, no entanto, se não existisse esse agricultor, o missionário morreria de fome por não haver quem cultivasse a terra. Para que o missionário possa cumprir sua missão, é importante que os outros também cumpram a sua, porque se assim não fosse, a humanidade ficaria privada da plenitude da sua existência.

Que o aceitar das diferenças nos permita compreender que um dia também fomos ou iremos ser como aqueles que nos são diferentes; que os julgar por essas diferenças é julgar a nós próprios pelo fato de também sermos diferentes dos demais. Deixemo-nos de andar com um espelho na mão virado para o rosto dos outros tentando revelar suas falhas e seus defeitos, para que o possamos virar para nós e reconhecer no nosso rosto falhas e defeitos idênticos.

Não nos cristalizemos, também, em dogmas que tantas vezes invalidam um esforço bem-intencionado. Não é suficiente saber cada palavra de uma escritura sagrada, mas vivê-las na ação que lhes corresponde como forma de materializar a energia ali contida. Dizer que se ama porque está escrito num qualquer livro, porque tal mestre assim o disse, de nada serve. Temos que transformar essa palavra numa ação, mesmo que silenciosa, para que possamos expressar esse mesmo Amor. Repetir rituais, dizer de memória as palavras de homens sábios, e depois não praticar essas mesmas palavras nos gestos, nas atitudes, na postura sincera e humilde diante dos homens é ignorar os verdadeiros propósitos que estão por trás dos ensinamentos que nos foram deixados.

E que não façamos do conhecimento um fim a alcançar, mas um meio para fazer desabrochar a sabedoria que nos permita olhar para além dos conceitos, das verdades instituídas, das frases que se repetem à exaustão sem a devida compreensão daquilo que cada uma delas transporta por trás dos seus adornos. Apenas esse entendimento nos poderá ajudar a construir as bases de uma existência que seja coerente com os princípios que dizemos seguir, mas cujo verdadeiro significado tantas vezes ignoramos.

É por tudo isso que digo que amar os outros não é procurar recompensas e virtudes, não é subir ao palanque à espera de aplausos, mas humildemente colocarmo-nos num mesmo patamar e de uma forma discreta partilhar com todos a alegria de quem soube reconhecer no rosto de cada homem o olhar de um irmão.

Um olhar que não tem nome, que não tem cor, que não tem credo nem nacionalidade. Um olhar que é cristalino sem os contornos de um rosto de máscaras, puro na profundidade de um gesto que nos acolhe, que nos conforta. No olhar de cada ser, poderemos encontrar a nossa própria identidade, observar o reflexo da nossa imagem que nos fala de dentro desse mesmo olhar, revelando-nos que lá bem fundo também estamos nós.

Quando compreendermos isso, todas as máscaras cairão e todas as diferenças se suavizarão. Credos e nacionalidades se tornarão pequenos e insignificantes, já que em cada homem saberemos reconhecer uma parte de nós que é comum a todas as coisas. Só então poderemos compreender verdadeiramente o que é o Amor.

Posfácio

Nestas últimas palavras, resta-me apenas deixar o convite para que todos nós possamos nos recolher ao mais Profundo do Ser e ali, verdadeiramente, nos reencontrar com a nossa própria Essência cujo aroma aguarda, há muito, ser reconhecido por nós.

Essa fragrância pulsa no coração profundo de cada Alma, chamando-nos para o encontro há muito anunciado. É o alento que nos eleva pela força da aspiração, da vontade firme e precisa, da devoção ardente e compenetrada, da ousadia daqueles que não temem dizer SIM.

Nos tempos de hoje, terminou o ciclo da instrução… nada mais há a dizer, mesmo que muito se possa transmitir. E nada mais há a dizer, porque, do contato direto com essa fonte de Vida Imaculada, todo o conhecimento se desfaz na radiação plena da verdadeira sabedoria que é silenciosa e exata.

Esse Reino Sagrado que nos habita, aguarda no silêncio profundo que deixemos os caminhos do nosso ego, para que em mãos despojadas possa colocar o diamante mais precioso e, finalmente, dar-se a conhecer na sua verdadeira face que se ocultou durante tanto tempo dos nossos olhares cobiçosos e tão pouco humildes.

Estaremos prontos para receber tal graça? Teremos a coragem de silenciar verdadeiramente, para que, no vazio criado, o Novo possa finalmente manifestar-se?

Que todos os que aspiram a esse contato se desapeguem de todo o conhecimento espiritual acumulado, para que nessa nudez as novas vestes possam ser desenhadas pelas mãos do grande Mestre.

Que silenciemos todos os ruídos, mesmo os mais espiritualizados, para que o som desse Campanário Interior possa ser plasmado no nosso coração e, através de mãos despojadas e profundamente amorosas, a Alma que somos possa finalmente desabrochar e mostrar ao mundo o mais precioso dos aromas.

Que tenhamos, pois, a coragem de levar ao altar do PAI todas as páginas escritas pelo nosso punho, guardadas no baú mais secreto como relíquias preciosas e queimá-las, como sinal de nossa entrega. E depois, pegar numa única folha em branco e lançá-la ao vento para que esse mesmo vento comece a escrever a nossa verdadeira história.

E só então o Verdadeiro Ser despertará.

Paz Profunda,

Pedro Elias

Este livro foi composto pela Schäffer Editorial, em Adobe Caslon Pro, para Rai Editora em outubro de 2012.